Traumpflanzen

Mit Pflanzenkraft
luzides Träumen unterstützen

Kevin Johann · Tine Müller

Traumpflanzen

Mit Pflanzenkraft luzides Träumen unterstützen

NACHTSCHATTEN VERLAG

Kevin Johann und Tine Müller
Traumpflanzen – Mit Pflanzenkraft luzides Träumen unterstützen

Verlegt durch:
Nachtschatten Verlag AG
Kronengasse 11
CH-4500 Solothurn
Tel: 0041 32 621 89 49
Fax: 0041 32 621 89 47
info@nachtschatten.ch
www.nachtschatten.ch

Lektorat: Markus Berger, Felsberg
Korrektorat: Jutta Berger, Felsberg; Inga Streblow
Umschlaggestaltung: Sven Sannwald, Lüterkofen
Layout: Nina Seiler, Zürich
Druck: Druckerei & Verlag Steinmeier, Deiningen
Printed in Germany

ISBN: 978-3-03788-535-2

Inhalt

Waking up in our dreams can be
more enchanting than any fairy tale,
more liberating than any social
or scientific revolution and more fun
than any earthly adventure.

DAVID JAY BROWN

Vorwort

Die Reise in die inneren Welten, durch die verschiedenen Wahrnehmungsfelder des Bewusstseins – die »heiligen Räume des Seins« –, ist der strahlende Faden, der jeden Einzelnen von uns durch das wunderschöne kosmische Lebensspiel (Sanskrit: *Līlā*) führt. Egal in welchem Bewusstseinszustand wir uns befinden, jeder von ihnen kann uns tiefe Botschaften vermitteln und wichtige Erkenntnisse schenken. In der Sprache der indigenen Stammesvölker könnte man auch sagen, dass der Große Geist, das Absolute Bewusstsein oder das Ewige Licht, über alle erdenklichen Wege und Kanäle, durch sämtliche Formen und nicht-physikalischen Dimensionen zu uns sprechen kann. Wir müssen uns nur wieder erinnern und lernen, aufmerksam zuzuhören.

Ein ganz besonderes Bewusstseinsphänomen, das den Menschen von Anbeginn seiner Existenz bis zum heutigen Tag begeistert und inspiriert und gleichermaßen moderne akademische Forschungsdisziplinen (zum Beispiel Geistes- und Kulturwissenschaften) ebenso wie mythologische und spirituelle Themenkomplexe tangiert, ist der Klartraum. Ein Zustand, der sich durch ein »waches« Bewusstsein im Schlaf auszeichnet und dessen tiefenpsychologisches und spirituelles Potenzial bereits seit Jahrtausenden bekannt ist. Man kann deshalb schnell nachvollziehen, weshalb viele Zivilisationen und Volksgruppen auch heute noch eine klar definierte Traumkultur pflegen und diesem Bewusstseinszustand allerhöchste Bedeutung zusprechen. Für sie ist der luzide Traum eine Art »Reiseticket« in die unendlichen Dimensionen, in ein »Land der unbegrenzten Möglichkeiten«, wo sich jeder Gedanke zur augenblicklichen Realität manifestiert und tiefe Einsichten über die Natur der kosmischen Liebe gewonnen werden können.

Gleichzeitig ist der Klartraum unter anderem eine geeignete Methode, um Antworten auf persönliche Fragen zu finden, um in schwierigen Lebensphasen Kraft zu tanken oder um in die tiefen Gefilde unseres Unterbewusstseins vorzustoßen – letzteres beispielsweise um sein »inneres Kind« zu transformieren oder um die Wunden traumatisierender Erfahrungen zu heilen. Der Klartraum ist damit sozusagen ein geschenktes und stets vorhandenes »Awareness-Tool« (Bewusstseinswerkzeug), dessen zielgerichteter Einsatz es uns ermöglicht, vieles von dem gezeigt zu bekommen und entdecken zu dürfen, wonach das Herz sucht und was der Seele gut tut. Wie immer liegt dabei das Geheimnis jedoch vorrangig in dem Gefühl des intuitiven »Sich-Führen-Lassens« und weniger darin, etwas unbedingt erreichen oder erfahren zu wollen. Sprich: geführt durch Liebe, Vertrauen und Leichtigkeit und nicht über den Irrweg des Egos.

Ebenso wie eine Vielzahl weiterer Menschen fühlen wir uns persönlich mit der Traumwelt sehr verbunden und sind für jede Erfahrung dankbar, die wir in dieser Erfahrungsrealität machen dürfen. Es ist uns daher ein großes Herzensanliegen, das weitere Interesse an diesem Thema zu bestärken und bei den einen oder anderen möglicherweise eine gewisse Freude dafür zu entfachen.

Wir sind sehr dankbar und froh darüber, mit dem Nachtschatten-Team einen Verlag an der Seite zu wissen, der uns mit diesem zweiten Band der »Smartbook-Plus«-Reihe die Möglichkeit eingeräumt hat, das umfangreiche Verlagssortiment um eine spannende Thematik zu erweitern.

Wir wünschen allen Leserinnen und Lesern viel Vergnügen mit dieser Lektüre sowie tolle und bereichernde Klartraum-Erfahrungen.

Kevin Johann und Tine Müller
Boppard, im Spätsommer 2018

Einleitung

Zweifelsohne gehört der »luzide« Klartraum zu den aufregendsten und faszinierendsten Phänomenen menschlichen Bewusstseins (luzid = lat. *lux, lūcis* = Licht). Schamanen, Mystiker, Yogis, Mönche, Priester und Psychonauten sämtlicher Kulturkreise nutzen diesen außergewöhnlichen Bewusstseinszustand bereits seit Jahrtausenden zur Bereicherung und Vertiefung ihrer spirituellen Praxis. Darüber hinaus ist der Klartraum schon immer ein außerordentlich wichtiges schamanisches Arbeitsmittel, um zum Beispiel an weit entfernte Orte zu reisen, um sich mit verstorbenen Ahnen, einem Pflanzendeva, Krafttier oder anderen verbündeten Geistwesen zu treffen, um vermisste Personen oder Gegenstände zu lokalisieren, um in die Zukunft zu schauen, um angewandte Bewusstseinsforschung zu betreiben, um die Krankheitsursache eines Stammesmitglieds zu ergründen oder um anderweitig für individuelle oder kollektive Heilungsprozesse erforderliche Impulse zu setzen. Man tritt bisweilen aber auch deshalb ins Reich der luziden Träume ein, weil die dort erlebten Abenteuer, etwa das grenzenlose Fliegen durch die Lüfte, das ausrüstungslose Besteigen schneeweißer Berggipfel, die Begegnung mit archetypischen Fabelwesen oder die Verwandlung in ein Lieblingstier unfassbar große Freude bereiten können.

Kurzum: Im luziden Traumzustand ist (fast) alles möglich! Die Grenzen, die uns im dreidimensionalen Alltagsbewusstsein so manches Mal im Weg zu stehen scheinen, sind in der nondualen Traumwelt, in welcher sich unser Geist weit außerhalb des gewohnten Raum-Zeit-Kontinuums bewegt, schlichtweg nicht vorhanden. Hinzu kommt, dass keine Regierung dieser Welt jemals dazu in der Lage sein wird, diesen erhellenden, heilsamen, mystischen, tiefsinnigen und bisweilen höchst psychedelischen Geisteszustand, der potenziell für jeden Menschen jede Nacht gleichermaßen zugänglich und erfahrbar ist, zu verbieten.

Um eine luzide Traumerfahrung herbeizuführen oder zu stabilisieren, aber auch, um die Fähigkeit der Traumerinnerung zu verbessern, bedient sich der Mensch seit jeher bestimmten Techniken. Darunter, ganz wichtig, der zielgerichtete Einsatz bestimmter Pflanzenwesen – sogenannter Traumpflanzen. Korrekt zur Anwendung gebracht, haben diese Gewächse ein großes Potenzial, das nächtliche Traumbewusstsein spürbar und nutzbringend erweitern zu können. Es sollte jedoch klar sein, dass das Erlernen des Klarträumens nicht zwingend die Einnahme oder anderweitige Verwendung eines Traumkrauts voraussetzt. Schließlich ist auch eine Vielzahl an nonpharmakologischen Klartraum-Techniken bekannt, die allesamt höchst effektiv sein können.

Fühlt man sich allerdings mit den Pflanzen verbunden, dann können sie für diese (und für viele andere) Zwecke eine hervorragende Unterstützung sein, auch in synergistischer Kombination mit weiteren Techniken. Somit darf der Inhalt des vorliegenden Büchleins nicht als Aufforderung zur Verwendung von geistbewegenden Pflanzen und Substanzen verstanden werden. Vielmehr geht es im Rahmen dieser Schrift um eine ethnobotanische Aufarbeitung des Traumpflanzen-Komplexes. Die zentrale Frage lautet: Wie werden bestimmte Gewächse traditionell dazu eingesetzt, um eine Intensivierung des nächtlichen Traumerlebens zu bewirken?

Begriffsklärungen

Klartraum: siehe »Charakterisierung luzider Traum«.

Oneirogen/e: Aus den griechischen Begriffen *oneiros* (dt. Traum) und *genesthai* (dt. bewirken, herbeiführen) zusammengesetzte Wortkreation. Gemeint sind sämtliche Mittel und Techniken, darunter auch der intentionale Einsatz der in diesem Buch vorgestellten Pflanzen, die einen intensivierenden Einfluss auf das Traumgeschehen haben können. Oneirogene können pharmakologischer sowie nonpharmakologischer Natur sein.

Oneironaut: Person, die sich aktiv mit dem Phänomen des luziden Träumens beschäftigt. Erstmalig verwendet wurde die Bezeichnung vom amerikanischen Psychologen und Klartraum-Pionier Stephen LaBerge in den 1980er Jahren. Der Begriff enthält die beiden griechischen Worte *oneiros* (dt. Traum) sowie *nautes* (dt. Seefahrer) und bedeutet sinngemäß übersetzt »Traumreisender« bzw. »Klarträumer«.

Oneironautik: Teildisziplin der Psychonautik, die sich mit der theoretischen und praktischen Erforschung des Traumbewusstseins im Allgemeinen und luzider Träume im Speziellen beschäftigt. Im akademischen Sinne handelt es sich um einen Forschungsgegenstand der Psychologie.

Oneiromantie: In vielen Kulturkreisen geläufige Praxis, auf Traumbasis Weissagungen und Prophezeiungen zu äußern (griech. *óneiro*s= Traum; *mántis* = Wahrsager)

Traumpflanzen/Traumkräuter: (engl. *dream herbs*) Diese Bezeichnung entstammt der Ethnologie bzw. der Ethnobotanik und umfasst sämtliche Pflanzenarten, die zur Intensivierung des Traumerlebens eingesetzt werden können. Eine Traumpflanze kann sowohl durch ihr pharmakologisches Profil das Traumerleben intensivieren – etwa indem sie bestimmte körpereigene Neurotransmitter in ihrer Aktivität beeinflusst (z.B. Serotonin, Dopamin, Acetylcholin, Noradrenalin) – als auch möglicherweise durch ihre magischen und rein geistigen Qualitäten. Das bedeutet, dass manche Gewächse als Oneirogene wirken können, obwohl dies mit ihren chemisch-molekularen Zusammensetzungen und pharmakologischen Eigenschaften wissenschaftlich nicht erklärt werden kann.

Der luzide Traum

Charakterisierung

Zentrales Charakteristikum eines luziden Traums, auch Klartraum genannt, ist die Bewusstheit darüber, dass man träumt. Daneben ist es die Fähigkeit, den Traum kontrollieren und nach eigenen Vorstellungen aktiv ausgestalten zu können. In sogenannten Trübträumen hingegen ist man sich des Traums weitgehend unbewusst und reagiert vielmehr, anstatt selbst zu agieren.

Der Psychologe und Traumforscher Paul Tholey (1985: 29) zieht zur Bestimmung eines luziden Traumzustands außerdem folgende Merkmale heran:

- ★ Klarheit über das Wachleben; darüber, wer man ist und was man sich für diesen Traum vorgenommen hat
- ★ Klarheit der Wahrnehmung; dessen, was man sieht, hört, riecht, schmeckt und fühlt
- ★ Klarheit über den Sinn des Traums
- ★ Klarheit der Erinnerung an den Traum

Obwohl Klarträume sehr häufig als absolut realitätsgetreu wahrgenommen und erlebt werden, handelt es sich nicht um eine Kopie oder Simulation des Wachzustands. Dies wird unter anderem daran deutlich, dass sich im Traum unsere Sinne zu einer Einheit verbinden und wir in diesem Zustand üblicherweise deutlich mehr wahrnehmen können, als es uns im Wachbewusstsein möglich ist. Zumal all das, was wir uns vorstellen können, im Klartraum augenblicklich zur sicht-, greif- und fühlbaren Realität werden kann – im Alltagsbewusstsein dauern vergleichbare Manifestationsprozesse hingegen deutlich länger.

Demnach ähnelt der Klartraum, trotz gewisser Analogien zum Wachbewusstsein, auch solchen erweiterten Geisteszuständen, die durch Meditation oder die Einnahme entheogener Substanzen und andere Techniken herbeigeführt werden können.

Vergleichbar mit einer psychedelischen Vision oder einer tiefen Meditationserfahrung können in einem Klartraum bestimmte Bereiche des Unterbewusstseins aufgedeckt, erkannt, beobachtet und unter Kontrolle gebracht werden, die uns in Zuständen des alltäglichen Wachbewusstseins üblicherweise verborgen bleiben. Erstmalig verwendet wurde die Bezeichnung luzider Traum (engl. *lucid dream*) vom niederländischen Psychiater Frederik van Eeden in seinem Aufsatz *A Study of Dreams* (1913), die deutsche Bezeichnung Klartraum hingegen stammt von Paul Tholey (1977). Weitere in der Literatur geläufige Termini, die als Synonyme für dieses besondere Traumphänomen verwendet werden, sind zum Beispiel Durchbruchstraum (CORRIERE/HART 1987), lenkbarer Traum (FERENCZI 1912), *dream of knowledge* (FOX 1962), *half dream state* (OUSPENSKY 1931), *known dream* (GILLESPIE 1982) sowie *conscious dream* (MOSS 1996).

Möglichkeiten und Grenzen

Die Möglichkeiten eines luziden Traums gestalten sich analog zur menschlichen Vorstellungskraft nahezu unendlich und grenzenlos. So ist es uns während einer Klartraum-Erfahrung potenziell möglich, beispielsweise folgende Dinge zu tun oder zu erfahren:

- ★ Über bekannte und unbekannte Landschaften fliegen oder durch das Universum schweben
- ★ Verwandlungen in andere Personen, Tiere, Pflanzen, mystische Wesen oder gar in »unbelebte Materie«
- ★ Durch Wände gehen und über Wasser laufen
- ★ Levitation, Telekinese, Teleportation und Materialisationen
- ★ Begegnung und Kommunikation mit verstorbenen Ahnen, Krafttieren, Pflanzengeistern u.a.
- ★ Selbsterkenntnis und Persönlichkeitsentwicklung
- ★ Erkennen potenzieller Zukunftsmöglichkeiten
- ★ Biografische Rückführungen, Anschauen von Reinkarnationsexistenzen
- ★ Krankheitsursachen erkennen, Heilungsprozesse einleiten, Angstblockaden therapieren, Traumata aufarbeiten, Albträume behandeln, unbewusste Schwierigkeiten aufdecken und ins Bewusstsein holen, Problemlösungen erkennen
- ★ Gezieltes Aufsuchen unzugänglicher Informationen
- ★ Bewegungsabläufe üben und vertiefen
- ★ Traumyoga: Lernen, auch während des Schlafens und des Träumens zu meditieren bzw. bewusst und achtsam zu sein
- ★ Inspirationen erhalten, z.B. für kreative Prozesse
- ★ Einnahme von beliebigen Heilpflanzen
- ★ Sexuelle Aktivitäten/Abenteuer

Diese Liste könnte noch etliche Seiten lang weitergeführt werden.

Ein Mangel an Vorstellungskraft ist die wohl stärkste Grenze im luziden Traum. Zudem unterliegt das Klartraumbewusstsein einer zeitlichen Komponente, was bedeutet, dass luzide Traumzustände nicht beliebig lange hinausgezögert werden können; obwohl die Zeit, wie wir sie zu kennen glauben, in der Traumdimension nicht existiert. Üblicherweise ist ein Klartraum dann vorüber, wenn die traumreiche REM-Phase (*Rapid Eye Movement*) beendet ist, oder spätestens dann, wenn der Wecker klingelt.

Traumpflanzen

Oneirogene Qualitäten

Viele Traumpflanzen können, entsprechend dosiert und angewendet, zwar auch unser Alltagsbewusstein beeinflussen; die geistbewegenden Qualitäten dieser Gewächse, die von oneironautischem Interesse sind, offenbaren sich jedoch vorrangig im Schlaf:

- ★ Anregung der »Traumproduktion«
- ★ Erhöhung der Traumintensität
- ★ Erweiterung, Schärfung und Stabilisierung des Klartraum-Bewusstseins (Traumklarheit, Traumluzidität)
- ★ Erhöhung der Traumanzahl
- ★ Verbesserung der Traumerinnerung
- ★ Herbeiführung von bunten und lebendigen Traumvisionen sowie traumähnlichen Bewusstseinszuständen
- ★ Linderung von Ein- und Durchschlafstörungen
- ★ Abwendung von Albträumen
- ★ Psychedelische Effekte, zum Beispiel leichte Closed-Eye-Visuals (CEV) in der Einschlafphase

Artenübersicht

✿ Als Oneirogen wenig erforscht
❀ Ethnobotanisch als Oneirogen gesichert
✪ Magisches Oneirogen
✖ Potenziell giftig

Achillea millefolium L. ✪
Schafgarbe

Schafgarbe

Die Schafgarbe ist eine in der mitteleuropäischen Flora häufig vorkommende Heil- und Ritualpflanze, der man seit jeher geistöffnende, -klärende sowie -zentrierende Eigenschaften zuspricht. Eine Wirkung, die sich gleichermaßen im Alltags- und im Traumbewusstsein als sehr nützlich erweisen kann. Zur Intensivierung des Traumerlebens wird die Schafgarbe traditionell häufig als Kissenfüllung eingesetzt; oftmals in synergistischer Kombination mit Beifuß, Lavendel oder Kamille. Das blühende Kraut eignet sich zudem hervorragend als Räucherwerk und kann als Teeaufguss oder Tinktur auch innerlich angewendet werden.

Acorus calamus L. ✿
Kalmus

Kalmus

Die aromatische Wurzel dieser wasserliebenden Pflanze ist in Ägypten, China, Europa, Nordamerika und Tibet als Heil- sowie als sakrales schamanisches Ritualmittel bekannt. Kalmuswurzel kann gekaut, gegessen, geräuchert und als Tee oder Tinktur zubereitet werden. Hochdosiert wirkt sie psychoaktiv und es kann zu aphrodisierenden, euphorisierenden und entaktogenen Effekten kommen. Auch kann die Einnahme von Kalmus eine Intensivierung des Traumerlebens begünstigen, besonders dann, wenn er zusammen mit Baldrian oder einem anderen Traumkraut verwendet wird. Als wirksamkeitsbestimmend gilt die Substanz β-Asaron. Zu beachten ist, dass von dieser Verbindung, wenn sie regelmäßig oder hochdosiert zugeführt wird, eine potenzielle Gesundheitsgefahr ausgeht. Ebenfalls sollte Kalmus unter keinen Umständen in Kombination mit einem Monoaminooxidase-Hemmer (MAOI) eingenommen werden.

Alepidea amatymbica Eckl. et Zeyh.

Larger tinsel flower, Ikhathazo

Alepidea

Für oneirogene und divinatorische Zwecke wird die getrocknete und pulverisierte Wurzel in Südafrika entweder geraucht oder als Schnupfpulver angewendet. Alternativ können kleine Wurzelstücke gekaut und ausgesaugt oder als Dekokt zubereitet werden. Neben ihrer traditionellen Verwendung als Oneirogen wird Ikhathazo in der südafrikanischen Ethnomedizin zur Behandlung einer Vielzahl unterschiedlicher Erkrankungen genutzt, unter anderem in synergistischer Kombination mit Hanf gegen Asthma und Entzündungen (Wintola/Afolayan 2014, Van Wyk et al. 2009: 38). Die oneirogene Idealdosis liegt bei den meisten Personen zwischen 0,1 und einem Gramm des Wurzelmaterials.

Arctium lappa L.

Große Klette

Große Klette

In der europäischen Volksmagie heißt es, dass die Klettenwurzel Albträume vertreibt, negative Einflüsse in der Traumwelt abwehrt, Träume lebendiger macht und die Traumerinnerung verbessert, wenn ein Stückchen von ihr unter das Kopfkissen gelegt wird.

Artemisia vulgaris L.

Gewöhnlicher Beifuß

Der Beifuß gehört zu den ältesten Heil- und Ritualpflanzen der Menschheit. Nahezu weltweit sind er und seine nahen Verwandten zur Appetitanregung, Verdauungsförderung und als Wurmmittel bekannt. Gleichzeitig wird die Pflanze seit jeher mit den weiblichen Schöpfungsprinzipien, mit magischen Schutzaspekten sowie mit dem Erlangen von erweiterten Bewusstseinszuständen assoziiert.

Die psychoaktive Qualität der Pflanze umfasst beruhigende, herz- und geistöffnende, traumintensivierende sowie stimulierende Effekte – alles in allem sehr mild, aber dennoch deutlich zu spüren. Wie das getrocknete Kraut für oneirogene Zwecke angewendet wird, gestaltet sich abhängig von der persönlichen Präferenz: Meist wird vor dem Schlafen aus ein bis zwei Gramm Krautmaterial ein Tee zubereitet oder es wird eine Tinktur eingenommen; alternativ ist das Räuchern, Rauchen oder Vaporisieren (120–150 °C) möglich.

In sehr vielen Fällen zeigt Beifuß-Kraut aber auch dann eine traumintensivierende Wirkung, wenn es ins Kopfkissen gefüllt wird. Entweder legt man sich mit dem Kopf auf das Kissen oder man positioniert es dicht vor der Brust bzw. dem Herz (Anahata Chakra). Ebenfalls bietet es sich an, das Kraut zu einem Strauß, Bündel oder Kranz zu binden und über das Bett zu hängen. Eine Praxis, die gemäß der traditionellen Volksmagie nicht nur luzide Träume unterstützt, sie kann den Anwender auch vor plagenden Albträumen schützen.

Neben dem heimischen Beifuß sind für eine oneirogene Verwendung außerdem *Artemisia absinthium* (Wermut), *Artemisia copa* (Copa-Copa), *Artemisia dracunculus* (Estragon), *Artemisia ludoviciana* (Silber-Wermut, White sage) und *Artemisia tilesii* (Tilesius' Wermut) u.a. geeignet.

Asparagus cochinchinensis (Lour.) Merr.

Chinesischer Spargel, Wilder Spargel

Chinesischer Spargel

Diese Spargel-Art (chin. *Tian Men Dong)* ist eine alte chinesische Heilpflanze. Sie wird bereits seit über zweitausend Jahren für medizinische und spirituelle Zwecke angebaut und seither von Schamanen, Taoisten, Mönchen, Yogis und Qi-Gong-Meistern zur Herbeiführung von luziden Traumzuständen genutzt. In asiatischen Legenden heißt es, dass die chinesische Spargelwurzel ihrem Anwender die Fähigkeit verleihen kann, während des Träumens fliegen zu können – daher auch die beiden englischen Trivialnamen *flying herb* und *heavenly spirit root.* Zudem wird ihr eine milde empathogene Wirkung zugesprochen. *Asparagus cochinchinensis* wird für oneirogene Absichten üblicherweise als Abkochung verwendet: Dazu kocht man drei bis fünf Gramm der Wurzel fünf bis zehn Minuten in 200 Milliliter Wasser; anschließend abseihen und abkühlen lassen. Die Wurzel kann aber auch als Tinktur zubereitet oder gegessen werden. Letzteres ist zwar kein Genuss, aufgrund ihrer gummiartigen Konsistenz aber möglich.

→ Im europäischen Handel ist diese Spezies eine Rarität. Die meisten Personen beziehen die Wurzel aus den USA oder aus China.

Bacopa monnieri (L.) Wettst.
Kleines Fettblatt

In Indien heißt das Kleine Fettblatt »Brahmi«, benannt nach der alles umfassenden Weltenseele Brahman, der höchsten Bewusstseinsform in der spirituellen Lehre des Hinduismus. Volksmedizinisch ist die Pflanze vorrangig als Nootropikum (»Smart Drug«, »Brain Enhancer«) bekannt. Als solches verbessert sie die allgemeine Gedächtnisleistung und kann außerdem die Fähigkeit der Traumerinnerung erhöhen.

Überdies scheinen Zubereitungen aus den fleischigen Blättern auch das Traumgeschehen zu intensivieren, wenn auch nur sehr minimal. Ansonsten wirkt Brahmi leicht beruhigend sowie angst- und nervositätslindernd, weshalb die Pflanze ethnomedizinisch auch zur Behandlung von stressbedingten Einschlafstörungen eingesetzt wird.

Die Blätter werden sehr vielseitig verwendet: Sie können roh gegessen werden, schmecken aber etwas bitter. Daneben ist die Zubereitung eines Tees oder einer Tinktur möglich; viele Personen greifen auch auf fertig portionierte, als Tabletten oder Kapsel erhältliche Extrakte aus dem Handel zurück. Als durchschnittliche Tagesdosis empfehlen die Hersteller 300 bis 500 Milligramm.

Banisteriopsis caapi (Spr. ex Griseb.) Morton
Ayahuasca-Liane

Diese amazonische Liane ist weithin – neben der DMT-haltigen Spezies *Psychotria viridis* (Chacruna) – als elementarer Bestandteil und Namensgeber des entheogenen Ritualtrunks Ayahuasca bekannt. *Banisteriopsis caapi* wirkt als MAO-Hemmer und kann deshalb das psychedelische Molekül DMT peroral wirksam machen.

Man kann die holzige Dschungelpflanze aber auch als Einzelsubstanz verwenden, da die in ihr verfügbaren Harman-Alkaloide vom Beta-Carbolin-Typ (Harmin, Harmalin u.a.) auch im Monokonsum psychoaktiv sind. Sie wirken sowohl auf der geistigen

Blätter der Ayahuasca-Liane

als auch auf der körperlichen Ebene beruhigend, außerdem schlaffördernd, leicht psychedelisch und letztlich auch traumintensivierend.

Bereits wenige Milliliter einer potenten Caapi-Tinktur haben das Potenzial, Träume lebendiger und bewusster zu machen sowie eine deutliche Erhöhung der Traumanzahl zu bewirken. Im oneirogenen Sinne als besonders synergistisch und effektiv gilt eine Kombination aus *Banisteriopsis caapi* und *Calea ternifolia,* beides am besten in der Zubereitung einer Tinktur.

Brugmansia spp. ❀ ✪ ✖

Engelstrompeten-Arten

In trink- oder rauchbaren Zubereitungen werden die Blätter und Blüten diverser Brugmansien von süd- und mittelamerikanischen Schamanen zur Herbeiführung von divinatorischen und prophetischen Trancezuständen verwendet, etwa um die Krankheitsursache eines Patienten zu diagnostizieren, zur Vorhersehung künftiger Ereignisse oder zur Kontaktaufnahme mit einem Verbündeten aus der Geisterwelt. Auch können aus den wirksamen Pflanzenteilen oneirogene Präparate hergestellt werden, die oral appliziert werden, was aufgrund des schwankenden Wirkstoffgehalts jedoch ausschließlich erfahrenen Schamanen überlassen werden sollte. Schließlich gehören Engelstrompeten bei entsprechender Dosierung zu den stärksten Halluzinogenen im ganzen Pflanzenreich. Respekt und Vorsicht müssen deshalb bei jedem Umgang mit diesem mächtigen Wesen oberste Priorität haben.

Wer die Pflanze für oneirogene Zwecke nutzen möchte, kann getrocknete Blüten und Blätter vor dem Zubettgehen als Räucherwerk verbrennen, oder man hängt sich eine frische und am Abend geerntete »Trompete« über das Bett. Brugmansia-Blüten verströmen in den Abendstunden ein unvergleichlich betörendes Aroma. Es kann deshalb äußerst aufregend sein, im Hochsommer in der unmittelbaren Nähe einer großen blühenden Engelstrompete unter freiem Himmel zu übernachten.

gelstrompete

Aztekisches Traumkraut

Calea ternifolia KUNTH.
Aztekisches Traumkraut

Calea ternifolia (ehemals *Calea zacatechichi*) ist eine der bekanntesten Traumpflanzen. Von ritueller Relevanz ist sie beim mexikanischen Volksstamm der Chontal-Indianer, deren Curanderos (trad. Heiler) die Blätter als kräftigendes Dekokt sowie als Rauchware zur Herbeiführung eines klaren Traumbewusstseins verwenden, meist um divinatorische Nachrichten zu empfangen.

Abgesehen von einer spürbaren Traumintensivierung wirken Calea-Zubereitungen angenehm beruhigend. Ansonsten zeigen sie auf der psychoaktiven Ebene keine nennenswerten Effekte. Es sei denn, die Wirkstoffe werden in außergewöhnlich hoher Dosierung und/oder in Kombination mit einem *Banisteriopsis-caapi*-Auszug bzw. mit *Peganum-harmala*-Samen appliziert, was zu einer leichten, aber deutlich wahrnehmbaren psychedelischen Wirkung in der Einschlafphase führen kann.

Eingenommen werden die Blätter einerseits auf traditionelle Weise, sprich als starke Abkochung und als Rauchkraut. Da ein Dekokt im Geschmack jedoch sehr bitter ist – noch intensiver als Wermut-Tee –, der Rauch nach dem Inhalieren häufig etwas in der Lunge drückt und überhaupt für oneirogene Zwecke recht hohe Dosierungen benötigt werden, bevorzugen die meisten Personen die Einnahme eines potenten Wirkstoffauszugs, etwa einer

Tinktur oder eines Trockenextrakts (siehe Seite 82). Alternativ ist eine Verwendung als Zutat von traumintensivierenden Räucherrezepturen möglich. Als Dosierungs-Orientierungswert zur Herstellung eines Dekokts gelten 10 bis 30 Gramm des getrockneten Blattmaterials. Dieses wird mit Wasser übergossen und für 10 bis 15 Minuten geköchelt, bis die Flüssigkeit eine dunkle Farbe angenommen hat.

Casimiroa edulis La Llave

Weiße Sapote

Weiße Sapote

Die Samen und Blätter der Weißen Sapote (*cochitzapotl*, dt. Schlaf-Sapote) werden in Mexiko als blutdrucksenkendes Schlaf- und Beruhigungsmittel sowie zur Stimulation der Traumproduktion verwendet (Argueta zit. in Rätsch 1998: 566). Eingenommen werden die Blätter üblicherweise in der Darreichung eines Teeaufgusses. Es gilt: Je frischer ihr Zustand, desto stärker die Wirkung. Die potenteren Samen werden vor ihrem Verzehr traditionell zu Asche verbrannt. Sie wirken aber auch dann, wenn sie den frischen Früchten entnommen, über einen Zeitraum von einem Monat an der Luft getrocknet und anschließend geschält und gemahlen werden. Ein halbes bis ein Gramm des Samenpulvers können eine deutlich spürbare Traumintensivierung hervorrufen. Das Pulver wird sinnvollerweise in Kapseln verwendet.

Celastrus paniculatus Willd.

Intellektbaum

Intellektbaum

Die ölreichen Samen dieser indischen Heilpflanze (sansk. *Jyotishmati*) werden in der Ayurveda zur Verbesserung des mentalen Leistungsvermögens genutzt. Sie wirken als Nootropikum und stärken als solches vor allem die Erinnerungsfähigkeit bzw. das Gedächtnis. Auch können die Samen des Intellektbaums die Fähigkeit zur Traumerinnerung verbessern. Einige Anwender beschreiben zudem, dass ihre Träume klarer und bewusster wurden. Als volksmedizinische Dosis gelten fünf bis zehn Samen. Diese können gegessen werden oder man mahlt sie zunächst klein und übergießt sie anschließend mit heißer Milch, lässt das Ganze fünf Minuten lang ziehen und trinkt vor dem Schlafen einen Celastrus-Milchtee – Milch (auch Reis- oder Sojamilch u.a.) deshalb, weil das in den Samen vorkommende Öl in Wasser nur schlecht löslich ist.

Cymbopogon densiflorus (STEUD.) STAPF.
Zitronengras

Schamanen aus Tanganyika (Festland von Tansania) rauchen die Blüten dieser Zitronengras-Art pur oder in Kombination mit Tabak (*Nicotiana* spp.) zur Herbeiführung von luziden und prophetischen Traumzuständen, um Ereignisse aus der Zukunft vorauszusagen (VON REIS/LIPP 1982; SCHULTES et al. 2001). Ferner ist die Pflanze ein traditioneller Ersatz für *Cannabis sativa*. Personen, die mit der Pflanze experimentiert haben, bestätigen ihr oneirogenes Wirkverhalten, weisen jedoch darauf hin, dass infolge hoher Dosierungen oder einer regelmäßigen Zufuhr – meist jedoch dann, wenn die Pflanze als Teeaufguss eingenommen wird und seltener nach dem Rauchen – nicht nur luzide Träume gefördert werden können, sondern auch ein außergewöhnlich langer Schlaf, Schlafwandeln sowie Albträume (LATZ 1995).

Traditionell ist für oneirogene Zwecke in erster Linie das Rauchen der getrockneten Halme samt Blütenstand üblich, nicht selten in einer 1:1-Kombination mit Tabak oder Kanna (*Sceletium tortuosum*). Daneben eignet sich die Pflanze als Zutat für traumunterstützende Räucherrezepturen. Teeaufgüsse sollten wegen der oben beschriebenen Nebenwirkungen nur in moderater Dosierung über kurze Zeiträume eingenommen werden.

Cypripedium calceolus L.

Gelber Frauenschuh

Die Wurzel dieser wilden Orchidee wirkt beruhigend, nervositätslindernd sowie sedierend und wurde vom nordamerikanischen Stammesvolk der Menominee, aufbewahrt in ihren heiligen Beuteln, zur Traumintensivierung genutzt (MOERMAN zit. in RÄTSCH 1998: 556). Primär ist die Pflanze ethnobotanisch allerdings als Schlaf- und Schmerzmittel von Bedeutung.

Die traditionell übliche Dosis beläuft sich auf ein halbes bis vier Gramm des Wurzelpulvers, das mit 200 ml kochendem Wasser übergossen, fünf Minuten ziehen gelassen, abgeseiht und ein bis zwei Stunden vor dem Schlafen getrunken wird. Alternativ ist das Schlucken einer Kapsel möglich, die etwa ein halbes Gramm enthält. Überdosierungen können Zustände von Schwindel und Unruhe induzieren und wirken außerdem möglicherweise halluzinogen (LI 2000: 81).

Gelber Frauenschuh

Datura spp. ❀ ✪ ✖

Stechapfel-Arten

Daturas sind äußerst machtvolle Pflanzenwesen. Sie enthalten Tropanalkaloide, die bei unsachgemäßer Anwendung zu verschiedenen Unannehmlichkeiten führen können, im schlimmsten Fall mit tödlichem Ausgang. Adäquat angewendet, können die Samen, Blätter und trompetenartigen Blüten hingegen aphrodisierend, geistöffnend, stimulierend, meditationsfördernd, narkotisierend und letztlich auch traumverstärkend wirken.

Auffällig ist, dass Datura-Träume, genau wie Datura-Halluzinationen, üblicherweise derart real erscheinen, dass sie sich von der Realität des Alltagsbewusstseins häufig nicht unterscheiden lassen. Der Träumende hat zwar ein scheinbar klares Bewusstsein während des Traums, er weiß aber nicht, dass er gerade träumt. Wenn er schließlich aus seinem Traum erwacht, kann es eine ganze Zeit lang dauern, bis er verstanden hat, dass das Erlebte ausschließlich in der Traumwelt und nicht im Diesseits stattgefunden hat.

Personen, die *Datura*-Arten – z.B. *D. inoxia, D. metel* oder *D. stramonium* – als Oneirogene ausprobieren wollen, sei eine Verwendung der Blätter, Blüten und Samen als Räucher- oder mild dosiertes Rauchwerk nahegelegt. Ebenfalls möglich und erfahrungsgemäß höchst effektiv ist folgende Praxis: Am Abend, kurz vor dem Zubettgehen, wird eine frische Blüte geerntet und die Nacht über unter das Kopfkissen gelegt. Oral eingenommen gelten zwei Samen als oneirogene Dosis. Aufgrund der potenziellen Gefahren wird von einer innerlichen Verwendung des Stechapfels jedoch ausdrücklich abgeraten.

Desfontainia spinosa Ruiz et Pav.
Latuy

Die halluzinogenen Blätter dieses in Südamerika heimischen Strauches werden von kolumbianischen Schamanen aus dem Sibundoytal zur Herbeiführung von Visionen und luziden Traumzuständen verwendet (Schultes zit. in Rätsch 1998: 219). Die Pflanze enthält diverse Substanzen vom Terpen-Typus (Houghton/Lian 1986), die allerdings keine psychoaktive Wirkung haben. Die exakte Pharmakologie ist bis heute weitgehend unerforscht. In Kolumbien gilt die Pflanze als halluzinogen sowie als ungiftig. Zwei getrocknete Blätter rufen, wenn sie geraucht werden, bereits eine deutlich spürbare psychoaktive Wirkung hervor (Rätsch 1998: 220).

Entada rheedii Spreng
Afrikanisches Traumkraut, Traumbohne

Die schokobraunen *Entada-rheedii*-Samen werden in Afrika als magisches Glücksmittel, als Kaffee-Substitut sowie als traumverstärkendes Oneirogen verwendet. Sie enthalten unter anderem ätherische Öle, Saponine und Fettsäuren und haben einen nussartigen, sehr angenehmen Geschmack. Konsumierbar ist jedoch nur das weiße Samenfleisch.

Die dicke Schale muss deshalb vor Gebrauch entfernt werden. Dazu schneidet oder bricht man den Samen zunächst auf und kratzt anschließend das weiche Innere heraus. Die Masse kann gegessen werden oder man trocknet sie und bereitet sie zu einem späteren Zeitpunkt als Tee, Tinktur oder als Rauchwerk zu. Die von den meisten Personen benötigte Idealdosis beläuft sich auf ungefähr 0,4 bis 0,6 Gramm, was etwa dem Inhalt eines Samens entspricht. Abhängig von der persönlichen Konstitution sind für eine spürbare Traumintensivierung möglicherweise aber auch höhere Dosierungen erforderlich.

Epilobium angustifolium (L.) Holub ✿
Schmalblättriges Weidenröschen

Ein Tee aus dieser Weidenröschen-Art (»Ivan Tee) wurde von sibirischen Schamanen über lange Zeiten in Kombination mit Fliegenpilzen (*Amanita muscaria*) verwendet (Von Bibra 1855: 136). Die Blüten sollen, wenn sie geraucht werden, eine milde oneirogene Wirkung haben (Toro/Thomas 2007: 59). Pharmakologische Studien zu dieser Pflanze sind jedoch ebenso rar wie oneironautische Bioassays.

Schmalblättriges Weidenröschen

Galbulimima belgraveana (F.MUELL.) SPRAGUE

Agara

Agara

Dieser bis zu 35 Meter hohe Regenwaldbaum stammt aus Papua-Neuguinea, wo man seine Blätter und Rinde als rituelles Psychedelikum verwendet. Nach der Einnahme soll es zu Visionen, Schläfrigkeit und einer deutlichen Intensivierung des Traumerlebens kommen. Einheimische Dschungelbewohner berichten, dass sie in ihren Agara-Visionen Menschen und Tiere gezeigt bekommen, die es zu töten gilt. Auf der anderen Seite wird die visionäre Wirkung im Rahmen von magischen und schamanischen Heilzeremonien genutzt. Zubereitet wird die Pflanze üblicherweise in Kombination mit *Homalomena* sp. als Tee. Für medizinische Zwecke wird die Rinde von indigenen Stammesvölkern auch im Monokonsum verwendet, beispielsweise zur Behandlung von Schmerzen, Fieber und Hauterkrankungen (TORO/THOMAS 2007: 39). *Galbulimima belgraveana* enthält über 30 Piperidin-Alkaloide, darunter Himandrin, Himbacin und Himbadin u.a. Von welcher Substanz die psychoaktive Wirkung ausgeht, ist bisher allerdings noch unerforscht.

Ginkgo biloba L.

Ginkgo

Ginkgo

Ginkgo biloba ist die älteste noch lebende Baumart unseres Planeten, die seit ihrer Entstehung vor mehreren hundert Millionen Jahren unverändert erhalten geblieben ist. *Ginkgo*-Blätter werden ethnomedizinisch seit jeher als Nootropikum zur Verbesserung der Erinnerungs- und Konzentrationsfähigkeit eingesetzt. Weiterhin sind sie ein traditionelles Heilmittel bei Bluthochdruck, Bronchitis und Durchblutungsstörungen u.a. Als Traumpflanze ist *Ginkgo* deshalb von Bedeutung, weil er die Fähigkeit zur Traumerinnerung positiv beeinflussen kann. Auf das Traumgeschehen selbst hat die Pflanze allerdings keinen Einfluss. Eingenommen werden die Blätter üblicherweise als Tee, Tinktur oder Trockenextrakt. Für einen Tee werden traditionell pro Tasse ein bis drei Gramm der getrockneten Blätter empfohlen. Die medizinische Dosis eines kapsel- oder tablettenförmigen Trockenextrakts beläuft sich hingegen auf 120 bis 240 Milligramm. Zu beachten ist, dass die erinnerungsfördernde Wirkung üblicherweise erst nach einer regelmäßigen Einnahme über mehrere Wochen festgestellt wird. Als wirksamkeitsbestimmend gelten Substanzen aus den Gruppen der Flavonoide, Ginkgolide und Bilobalide (Kleijnen/Knipschild 1992: 1136).

Heimia salicifolia (Kunth) Link et Otto

Sinicuichi

Sinicuichi (dt. »Sonnenöffner«) ist eine alte mexikanische Heil- und Ritualpflanze, die ihren Trivialnamen einst deshalb erhalten hat, weil sie infolge einer starken Dosis am Folgetag ihrer Einnahme eine leichte visuelle Veränderung hervorrufen kann, die sich am ehesten als eine Art Gelbsicht umschreiben lässt – oder aber als »licht- bzw. sonnenöffnend«. Daneben kann es zu einer leicht veränderten Wahrnehmung der Akustik kommen. Am häufigsten werden jedoch entspannende und sedierende Effekte beschrieben.

Sinicuichi

Die Pflanze wurde schamanisch zur Herbeiführung von divinatorischen Trancezuständen sowie zur Verbesserung der Erinnerungsfähigkeit eingesetzt. In Mexiko heißt es, man könne sich mithilfe dieses Weiderichgewächses an lange zurückliegende Ereignisse erinnern; auch pränatale (vorgeburtliche) Erinnerungen soll Sinicuichi bisweilen wieder ins Bewusstsein holen können. Ergänzend kann die Pflanze einen signifikanten Einfluss auf das Traumgeschehen nehmen.

Nach traditioneller Rezeptur werden die Blätter in leicht angewelktem und getrocknetem Zustand über eine Zeitspanne von 24 Stunden in Wasser eingeweicht und anschließend kräftig ausgepresst. Die Flüssigkeit wird aufgefangen, in die Sonne gestellt und der Gärung überlassen. Das »Sonnen-Elixier« ist trinkfertig, sobald es zu fermentieren beginnt.

Ebenfalls ist eine Anwendung der Blätter als Tee, Tinktur sowie als Räucher- und Rauchwerk geläufig. Als psychoaktive Dosis gelten 10 bis 30 Gramm getrocknetes Blattmaterial. Liegt hingegen ein Extrakt vor, muss man entsprechend der jeweiligen Potenz niedriger dosieren. Mögliche unangenehme Nebenwirkungen sind Kopf- und Magenschmerzen, Muskelkrämpfe, Übelkeit und Schwindelgefühle.

Helichrysum odoratissimum (L.) Sweet

Imphepho

Schamanen aus der südafrikanischen Provinz KwaZulu-Natal verwenden die Blätter und Stängel dieser aromatischen Strohblume im Rahmen ihrer Traumzeremonien als Sedativum sowie zur Herbeiführung von klaren und visionären Traumzuständen. Als effektivste Applikationsform gilt das Rauchen. Die wirksamen Pflanzenteile lassen sich aber auch als Tee oder Tinktur zubereiten.

Imphepho

Sehr beliebt ist das traditionelle Räuchern, beispielsweise um den Geist der Ahnen zu beschwören, zur rituellen Reinigung von Krankenzimmern, zur Behandlung von Husten sowie zur Abwehr von Insekten. Wegen der entspannenden und sedierenden Wirkung wird Imphepho am besten unmittelbar vor dem Schlafen getrunken oder geraucht.

Dann beruhigt die Pflanze nicht nur Zustände innerer Unruhe, sie kann auch Einschlafstörungen lindern und auf sanfte Weise unser Traumbewusstsein erweitern.

Die oneirogene Dosis beläuft sich bei Einnahme eines Teeaufgusses auf 1,5 bis 4 Gramm. Wird das getrocknete Kraut hingegen geraucht oder verdampft, ist bereits eine geringere Menge von etwa 0,5 bis 1,5 Gramm ausreichend.

➔ Traumpflanzen mit einem **entspannenden und sedierenden Wirkverhalten** sind besonders für all jene Personen geeignet, die sich mit Traumarbeit beschäftigen möchten, jedoch an nervöser Unruhe und stressbedingten Einschlafstörungen leiden.

Helinus integrifolius (LAM.) KUNTZE

Ubhubhubhu

Ubhubhubhu

Diese Spezies aus der Familie der Kreuzdorngewächse (*Rhamnaceae*) verfügt über hohe Anteile von Saponin und wird von südafrikanischen Heilern seit etlichen Generationen zur Herbeiführung von Klarträumen sowie zur Verbesserung der Traumerinnerung genutzt. Dazu wird das getrocknete und zerkleinerte Kraut mit kaltem Wasser aufgegossen und so lange kräftig gerührt, geschlagen oder geschüttelt, bis sich an der Wasseroberfläche Schaum bildet.

Traditionell ist es wichtig, dass die Einnahme auf nüchternen Magen erfolgt und so viel getrunken wird, bis sich der Bauch aufgebläht anfühlt und der Anwender sich möglicherweise übergeben muss. Der emetische Prozess ist nach volkstümlichem Verständnis jedoch keinesfalls etwas Unangenehmes, sondern fester Bestandteil der rituellen Praxis und dient der inneren Reinigung (siehe Ubulawu, Seite 78). Die individuell benötigte Idealdosis muss experimentell herausgefunden werden. Die Anfangsdosis liegt bei 0,3 bis 0,5 Gramm.

Hemidesmus indicus (L.) R. Br. ex Schult.

Anantmul, Indische Sarsaparilla

Der Wurzel dieser in der ayurvedischen Medizin vielseitig als Heilmittel eingesetzten Pflanze wird – neben ihren medizinischen Qualitäten – außerdem eine intensivierende Wirkung auf unser Traumbewusstsein zugesprochen. Des Weiteren hat sich die Anantmulwurzel als Meditations- sowie als Schlafmittel bewährt.

Das Rhizom wird traditionell auf äußerst unterschiedliche Weise appliziert, wobei zu Zwecken der Traumanregung gewöhnlich ein starker Dekokt zubereitet wird. Dieser enthält 20 bis 40 Gramm des naturbelassenen Wurzelmaterials und wird etwa eine Stunde lang geköchelt, abgeseiht und schließlich ein bis zwei Stunden vor dem Zubettgehen eingenommen. Eine Sarsaparilla-Abkochung schmeckt nicht unangenehm und ist leicht gesüßt gut trinkbar.

Wahlweise kann die Wurzel auch pulverisiert, in Kapseln gefüllt und geschluckt werden. Als medizinische Dosis gelten ein bis fünf Gramm Wurzelpulver pro Tag. Weiterhin ist die süßlich duftende Wurzel hervorragend als Räucherwerk geeignet.

Homalomena sp.

Ereriba

Eine botanisch bislang undefinierte Art der Gattung *Homalomena* – möglicherweise die Spezies *H. belgraveana* Sprague – ist in Papua-Neuguinea als Psychoaktivum bekannt, dessen Blätter starke Visionen und sehr intensive Träume herbeiführen sollen. Traditionell angewendet wird das Aronstabgewächs in Kombination mit der Rinde von *Galbulimima belgraveana* sowie der Wurzel von *Zingiber zerumbet* (Barrau 1958: 377f.; Rätsch 1998: 562). Von der Einnahme ist aufgrund der Unkenntnis über die exakte Pharmakologie allerdings dringend abzuraten.

Bilsenkraut

Hyoscyamus spp. ❀ ✪ ✖

Bilsenkraut-Arten

Der Gebrauch des Bilsenkrauts – zum Beispiel *H. muticus* und *H. niger* – als magische und bewusstseinsverändernde Ritualpflanze lässt sich bis ins Altertum zurückverfolgen. Eingesetzt wurde es unter anderem als Orakel- sowie als Traumpflanze, als aphrodisierendes Bier- und Wein-Additiv, als spekulative Zutat damaliger Hexensalben sowie als Ingredienz psychoaktiver Rauch- und Räuchermixturen.

Im Kontext eines Gebrauchs als Oneirogen verhält es sich wie bei allen tropanalkaloidhaltigen Nachtschattengewächsen: Eine innere Anwendung ist für oneirogene Zwecke zwar möglich, aufgrund der potenziellen Gefahren und Nebenwirkungen jedoch nicht zu empfehlen. Sicherer ist die Verwendung der alkaloidreichen Samen als magisches und mild psychoaktives Rauch- oder Räucherwerk kurz vor dem Zubettgehen.

Ilex guayusa Loes. ❀

Guayusa

Guayusa

Guayusa ist eine mit dem weithin bekannten Mate-Strauch (*Ilex paraguariensis*) verwandte Spezies aus der Gattung der Stechpalmen und genießt im Amazonasgebiet einen herausragenden Ruf als belebende und vielseitig einsetzbare Heil- und Ritualpflanze.

Zugehörige des Shuar-Volkes verwenden die koffeinreichen Guayusa-Blätter bevorzugt im Rahmen eines Morgenrituals (Lewis et al. 1991: 25). Dazu werden über eine Zeitspanne von ungefähr einer Stunde große Mengen (mehr als zwei Liter) eines potenten Guayusa-Dekokts (*wayus*) getrunken, worauf das Getränk durch die Zuhilfenahme eingeübter Techniken (Finger in den Hals stecken, mit einer Feder kitzeln) wieder erbrochen wird; ein Teil der Flüssigkeit wird dabei im Magen belassen. Eine Praxis, die von ihren Anwendern deshalb geschätzt wird, weil sie über viele Stunden hinweg die Wachheit steigert, die Sinne schärft und Hungergefühle unterdrückt, was vor allem für die Jagd wichtig ist – nicht selten wird Guayusa im amazonischen Dschungel deshalb auch Jagdhunden verabreicht (Schultes 1972: 130).

Andererseits dient das Guayusa-Ritual der körperlichen und geistigen Reinigung. Es ist aber auch keinesfalls ungewöhnlich, dass am Morgen oder mehrfach über den Tag verteilt und bevorzugt in geselliger Runde, lediglich die Menge eines Bechers eingenommen wird, ohne im Nachhinein zu erbrechen, so wie es von den Quechuas aus Ecuador praktiziert wird.

Interessant ist, dass den Blättern im traditionellen Gebrauch außerdem eine hohe Bedeutung als rituelles Oneirogen zukommt: Zur Anregung der Traumklarheit, zur Verbesserung der Traumerinnerung sowie zur Unterstützung der Trauminterpretation. Häufig wird Guayusa deshalb auch zur Erlangung sogenannter «Jagdträume« genutzt (Rätsch 1998: 289). Träume, in denen der Jäger den genauen Aufenthaltsort der Wildtiere oder den Verlauf sowie das Ergebnis der nächsten Jagd erkennen kann. Ferner fungiert Guayusa in Südamerika als Ayahuasca- und Rapé-Additiv, als libidosteigerndes Aphrodisiakum, als Magen- und Kopfschmerzmittel sowie als fruchtbarkeitsanregende und menstruationsregulierende Frauenarznei.

Die oneirogene Wirkdosis beläuft sich auf etwa ein Gramm des getrockneten Blattmaterials – für stimulierende und tonisierende Effekte werden hingegen üblicherweise zwei bis vier Gramm pro Tasse verwendet –, das man mit siedendem Wasser aufgießt und fünf Minuten lang ziehen läßt. Damit die stimulierende Wirkung nicht das Einschlafen behindert, sollte Guayusa-Tee für oneirogene Absichten erst dann getrunken werden, wenn man bereits sehr müde ist.

Lactuca virosa L.
Giftlattich

Der getrocknete Milchsaft (Lactucarium) des Giftlattichs gilt weithin als legales Opium-Substitut und wird in der ägyptischen, europäischen und nordamerikanischen Volksmedizin für seine sedierende Wirkung gleichermaßen gelobt. Von den Hopi-Indianern wurde »Lattich-Opium« – jedoch ausschließlich solches, das aus den Blütenköpfen gewonnen wurde –, als Schlaf-, Trance- sowie als Traummittel verwendet. Es kann aber auch der aus anderen oberirdischen Pflanzenteilen austretende Milchsaft verwendet

Giftlattich

werden. Die gängigste Applikationsform ist das Rauchen, pur oder in Kombination mit anderen Pflanzen, und für oneirogene Absichten sinnvollerweise kurz vor dem Zubettgehen. Außerdem können die Blätter gegessen oder als Teeaufguss zubereitet werden. Als wirksamkeitsbestimmender Inhaltsstoff wurde das Sesquiterpenlacton Lactucin nachgewiesen. Die psychoaktive Einzeldosis für Lactucarium beläuft sich auf 0,2 bis 0,5 Gramm – abhängig von Wirkstoffgehalt, Körpergewicht und anderen Einflussfaktoren.

Laurus nobilis L. ✪

Lorbeer

Lorbeer

Der Lorbeer war ein ausgesprochen wichtiges Heil- und Zeremonialgewächs der alten Griechen und Römer. Die Pflanze steht symbolisch für Sieg, Triumph und Herrschaft. Gleichzeitig werden ihre Blätter seit der Antike als magisches und sakrales Räucherwerk genutzt: zum Orakeln, zur Erweiterung der Sinnesfähigkeit sowie zur Erlangung und Entwicklung von Traumluzidität. Es heißt, dass die wahrsagende Pythia von Delphi Lorbeerblätter gekaut und sie zusammen mit Bilsenkraut geräuchert haben soll, bevor sie in divinatorische Trance fiel; andererseits wird spekuliert, dass dieser Zustand durch psychoaktive Gase herbeigeführt wurde, die aus einer Felsspalte herausströmten. Für oneirogene Zwecke eignet sich Lorbeer außerdem als Traumkissen-Additiv.

Lavandula angustifolia MILL. ✪
Lavendel

Volksmedizinisch gilt der Lavendel als gutes Beruhigungs- und Einschlafmittel. Die aromatische und in vielen europäischen Gärten gedeihende Pflanze wird außerdem schon lange zur Abwehr von Albträumen und »Dämonen« sowie als Mittel zur Traumintensivierung genutzt. Dazu wird sie als Tee oder Tinktur zubereitet und vor dem Schlafengehen getrunken, oder man verwendet sie als Zutat eines Traumkissens, als Räucherwerk oder als einen über dem Bett befestigten Strauß. Tatsächlich wird die Wirkung des Lavendels auf unser Traumbewusstsein jedoch sehr unterschiedlich und individuell erlebt. Die meisten Personen können lediglich eine schlaffördernde Beruhigung feststellen.

Zu einem vergleichbaren Ergebnis kam eine Studie aus dem Jahr 2016, durchgeführt von einer Forschergruppe der iranischen Islamic Azad University, Alborz. Ihr Fazit lautete, dass im Kontext von luziden Träumen und einer Verbesserung der Traumerinnerung keine wesentlichen Unterschiede zwischen der »Lavendelgruppe« und der Kontrollgruppe vorliegen (SANATKARAN et al. 2016). Es ist jedoch gut möglich, dass es mithilfe der beruhigenden und klärenden Komponente dieser Pflanze deutlich leichter gelingen kann, den geistigen Fokus auf die Durchführung einer nonpharmakologischen Technik zu richten.

Lycopodium squarrosum G. Forst

Bärlapp

Dieser Vertreter aus der Gattung der Bärlappe (*Lycopodium*) wird in Papua-Neuguinea zur Herbeiführung klarer Traumzustände genutzt, mit der Intention, den »Busch-Geistern« zu begegnen, um von diesen heilsame Kraftlieder zu erlernen (Toro/Thomas 2007: 47). Die Pflanze wird traditionell verwendet, indem man sie sich vor dem Schlafengehen kräftig über den Körper reibt, daneben wird sie geraucht oder als Tee eingenommen.

Es existiert eine Vielzahl an weiteren Bärlapp-Arten, die ethnobotanisch als Medizinal- sowie Ritualpflanzen von hoher Bedeutung sind: Zum Beispiel der heimische Keulenbärlapp (*Lycopodium clavatum*), der gegen den »bösen Blick« und bei Verzauberungen eingesetzt wurde und heute ein wichtiges homöopathisches Mittel zur Behandlung von Verdauungsstörungen und anderen Leiden ist; des Weiteren sind seine Sporen seit jeher ein beliebtes, effektvolles Mittel in der Feuerkunst bzw. Pyrotechnik. Die Spezies *Lycopodium gnidioides* gilt in Madagaskar als geeignetes Mittel zur Herbeiführung von cannabisähnlichen Rauschzuständen (Johnson 1999: 500), während in Nordperu diverse Bärlappe als Additiv für den heiligen San-Pedro-Trank fungieren (Rätsch 1998: 568).

Lycoris radiata (L'Hér.) Herb.

Rote Spinnenlilie

In China ist die Knolle der Roten Spinnenlilie seit langer Zeit als Oneirogen sowie als Nootropikum bekannt. Dazu wird sie beispielsweise mit Sojasauce zubereitet und als Zutat eines vegetarischen Gerichtes namens Lo Han (»Buddhas Delight«) verwendet, dessen Verzehr sehr intensive luzide Träume herbeiführen soll (Hocking 1993: 16). In Japan ist *Lycoris radiata* außerdem eine wichtige Ritualpflanze und wird als solche mit den Thematiken Tod und nicht-physikalischer Existenz assoziiert.

Die das nächtliche Traumgeschehen und die Erinnerungsfähigkeit intensivierende Wirkung wird mit der Anwesenheit des Wirkstoffs Galantamin begründet. Diese Verbindung beeinflusst

Rote Spinnenlilie

einerseits die nikotinergen Acetylcholin-Rezeptoren, gleichzeitig wirkt sie als Acetylcholinesterase-Hemmer, was beides zu einem Anstieg von Acetylcholin im synaptischen Spalt führt. Ein Mangel an diesem wichtigen Neurotransmitter wird unter anderem zur Erklärung der Alzheimer-Erkrankung herangezogen.

Von einer oneironautischen Anwendung der Knolle bzw. Zwiebel ist aufgrund ihrer potenziellen Toxizität abzuraten. Sicherer, besser erforscht und ebenfalls mit einer oneirogenen Wirkung einhergehend, ist die Verwendung von Galantamin als Reinsubstanz (Yuschak 2006: 60f., LaBerge et al. 2018).

Mandragora officinarum L. ❀ ✪ ✖

Alraune

Sie ist die Königin der magischen Hexenpflanzen und wird entsprechend ihrer Eigenschaften seit jeher von einer Vielzahl diverser Mythen, Sagen und Legenden umrankt – die Alraune. Ein Nachtschattengewächs, das volksmagisch gleichermaßen mit den Prinzipien des Lebens sowie des Todes assoziiert wird. Hochdosiert wirkt die tropanalkaloidhaltige Wurzel halluzinogen und narkotisierend und kann, wie auch andere psychoaktive Solanaceae-Spezies, starke Mundtrockenheit, Gesichtsrötungen, Erregungs- und Panikzustände, Orientierungsstörungen, Wahnvorstellungen und andere Unannehmlichkeiten herbeiführen.

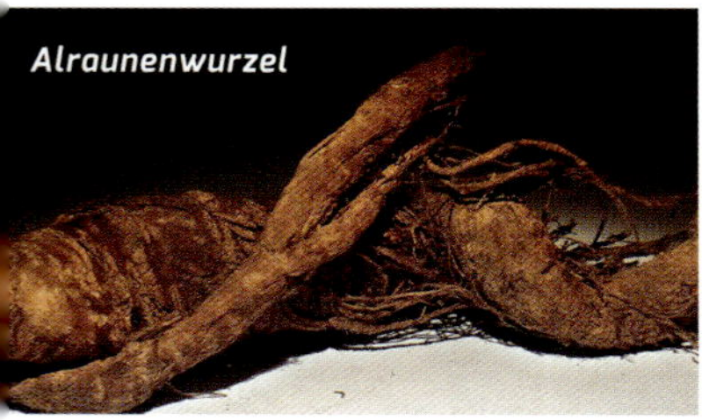

Alraunenwurzel

Als letale Dosis gelten für Hyoscyamin und Scopolamin je 80 bis 100 mg, was in etwa 20 Gramm der Alraunenwurzel entspricht. Angemessen dosiert wirken Zubereitungen auf Basis der Alraunenwurzel (beispielsweise ein Weinauszug) aphrodisierend, anregend, enthemmend, euphorisierend und traumintensivierend.

Die Wurzel eignet sich aber auch als Zutat von traumintensivierenden Salben (zum Beispiel als Ölauszug) sowie als oneirogenes Räucherwerk. Da sie beim Verbrennen jedoch kein

une

angenehmes Aroma verströmt, empfiehlt sich bei ihrer Verwendung als Räucherstoff generell eine Kombination mit wohlduftenden Baumharzen.

Mandragora-Träume werden »nachtschattentypisch« als lebhaft, klar und häufig als sehr sexuell beschrieben. Die Früchte der Alraune enthalten zwar nur Spuren an Alkaloiden, sie wurden damals aber ebenfalls als Aphrodisiakum sowie zur Herbeiführung von fantastischen Träumen eingesetzt. Es liegt nahe, dass die Pflanze in der Mythologie des antiken Griechenlands gleichermaßen mit der Lust- und Liebesgöttin Aphrodite sowie mit der Zauberin Kirke in Verbindung gebracht wurde.

Melissa officinalis L.

Zitronenmelisse

Zitronenmelisse

Im traditionellen Volkstum heißt es über die Melisse, dass sie ihren Anwender nicht nur auf sanfte Weise in den Schlaf befördert, sondern ihm außerdem angenehme Träume bescheren kann. Abgesehen davon, dass das Kraut – neben vielen weiteren Kräutern – zur Vertreibung von Albträumen damals ins Traumkissen gefüllt wurde, liegen allerdings keine konkreten Informationen über eine traditionelle Verwendung als Oneirogen vor. Die meisten Versuche mit der Zitronenmelisse führten zu dem Ergebnis, dass die Pflanze nicht nur den Prozess des Einschlafens verkürzt, sondern auch das Traumerleben intensivieren kann.

Melissen-Träume sind häufig sehr schön, bunt und lebhaft; luzid jedoch nicht unbedingt. Wer sich also durch die Verwendung dieser äußerst angenehm duftenden Pflanze eine intensive Klartraum-Erfahrung erhofft, wird möglicherweise enttäuscht werden. Anders verhält es sich, wenn lediglich eine leichte Traumintensivierung oder das Behandeln von Albträumen beabsichtigt sind. Dann kann sich *Melissa officinalis* als sehr nützlich erweisen. Die übliche Einzeldosis beläuft sich auf ein bis fünf Gramm des schonend getrockneten Blattmaterials.

Mitragyna speciosa (KORTH.) HAVIL. ❀
Kratom

Kratom

Abhängig von der eingenommenen Dosis gestaltet sich das Wirkspektrum der aus Südostasien stammenden Kratomblätter höchst variabel: Niedrig dosiert (ein bis vier Gramm) wirken sie stimulierend und euphorisierend, bei einer mittleren Dosis (fünf bis acht Gramm) überwiegen entspannende, schmerzstillende und sedierende Eigenschaften, bei einer hohen Dosis (neun bis fünfzehn Gramm) darüber hinausgehend auch psychedelische Effekte.

Schläft man während oder kurz nach der Hauptwirkung ein, ist das Traumerleben häufig sehr intensiv und lebhaft. Bisweilen gestaltet sich die Wirkung einer hohen Dosis aber auch selbst als sehr traumartig. Es kann passieren, dass der Anwender derart tief in die Welt der eigenen Gedanken und Vorstellungen versinkt, dass es ihm so vorkommt, als habe er geträumt.

Hauptinhaltsstoff ist das Indolalkaloid Mitragynin, das seine Psychoaktivität durch eine Anbindung u.a. an die endogenen Opioid-Rezeptoren entfaltet. Im traditionellen Kontext werden die wirkstoffhaltigen Blätter eingenommen, indem sie gekaut werden; aufgrund des bitteren Geschmacks müssen Konsumenten häufig würgen und sich erbrechen. Um diesem unangenehmen Effekt vorzubeugen, vermischen viele Personen die zu einem Pulver gemahlenen Blätter mit neutralisierendem Joghurt oder mit Schokolade.

Kratom-Pulver

Kratom kann aber auch als Teeaufguss getrunken, als Kapsel geschluckt, in einer Zigarette geraucht oder im Vaporizer verdampft werden (175–200 °C). Wichtig: Vergleichbar mit Opium wirkt Kratom potenziell suchterzeugend und ist daher für eine regelmäßige Einnahme ungeeignet.

Mucuna pruriens (L.) DC.

Juckbohne

Juckbohne

Die Samen der Juckbohne sind in der ayurvedischen Medizin ein beliebtes Aphrodisiakum und Anti-Parkinson-Mittel; weitere ethnomedizinische Anwendungen sind aus Nepal, Mexiko und Westafrika dokumentiert (RÄTSCH 1998: 369). Die Samen enthalten eine ganze Reihe psychoaktiver Inhaltsstoffe, darunter *N,N*-DMT, 5-MeO-DMT, DMT-N-oxid, Bufotenin und L-Dopa sowie andere. Zur Anregung der Traumproduktion ist die Verbindung L-Dopa am wichtigsten; das ist eine Aminosäure, bei der es sich um eine direkte natürliche Vorstufe des Neurotransmitters Dopamin handelt. Im Rahmen einer oneirogenen Anwendung haben die meisten Personen mit diesem Wirkstoff sehr gute Ergebnisse erzielen können. Manchmal wird allerdings auch eine Zunahme und Intensivierung von Albträumen beschrieben.

Juckbohnen-Pulver sowie standardisierte L-Dopa-Kapseln auf *Mucuna-pruriens*-Basis können unkompliziert über den Naturheilmittel-Handel erworben werden.

Achtung: In Kombination mit einem **MAO-Hemmer** induziert die Einnahme von L-Dopa unter Umständen gefährliche Wechselwirkungen!

Myristica fragrans HOUTT.

Muskatnussbaum

Muskatnuss

Den meisten Personen ist die aus Indonesien stammende Muskatnuss als delikates Gewürz bekannt. Sie ist aber auch ein beliebtes ayurvedisches Heilmittel und kann hochdosiert (ab fünf Gramm) außerdem als entaktogenes bzw. psychedelisches Psychoaktivum wirken. Die Rauschwirkung der Muskatnuss ist allerdings mit einer Vielzahl unangenehmer Nebenwirkungen verknüpft und keinesfalls zu empfehlen.

Als psychoaktive Prinzipien wurden unter anderem die Verbindungen Elemicin, Myristicin und Safrol bestimmt. Für eine Verwendung als beruhigendes, schlafförderndes und traumintensivierendes Oneirogen wird eine Prise der geriebenen Nuss in Milch aufgekocht, mit Honig gesüßt und vor dem Zubettgehen schluckweise getrunken. Zusätzlich ist es möglich, einen Tropfen ätherisches Muskatnuss-Öl aufs Kopfkissen zu träufeln.

Muskatnuss-Träume werden üblicherweise als sehr intensiv und farbenfroh erlebt. Von einigen Personen wurde allerdings auch eine Zunahme von Albträumen mit sehr bizarren Trauminhalten beschrieben (Toro/Thomas 2007: 51). Hinweis: Myristicin wirkt einerseits als schwacher MAO-Hemmer und ist außerdem ein natürlicher Vorläufer der Substanz 3-Methoxy-4,5-Methylendioxyamphetamin (MMDA).

Nymphaea caerulea Savigny

Blauer Lotus, Blaue Seerose

Der Blaue oder Ägyptische Lotus ist eine psychoaktive Seerosen-Art, deren einstmalige Relevanz als sakrale Ritualpflanze heutzutage kaum mehr erfasst werden kann. Das Wirkspektrum der getrockneten Blüten umfasst aphrodisierende, entspannende, euphorisierende, geistklärende, sedierende, narkotisierende sowie möglicherweise traumintensivierende Effekte.

Blauer Lotus

Am mildesten als auch gleichzeitig sehr energetisierend gestaltet sich die Wirkung, wenn die Blüten geräuchert, geraucht oder verdampft werden (100–125 °C). Deutlich stärker und dosisabhängig bisweilen sogar regelrecht narkotisierend wirkt Blauer Lotus als Dekokt sowie als Wein- oder Schnapsmazerat. Die geistbewegende Dosis liegt bei oraler Applikation in den meisten Fällen bei mindestens fünf Gramm.

Papaver somniferum L. ❀✖

Schlafmohn

Der Schlafmohn ist die wohl wichtigste Heilpflanze der gesamten Pharmaziegeschichte. Seine Wirkstoffe (Morphin, Codein u.a.) und Produkte (z.B. Opium) werden nachweislich seit der Antike zur Linderung von seelischen und körperlichen Schmerzen eingesetzt. Das Wissen um die pharmakologische Qualität dieser Pflanze reicht allerdings noch sehr viel weiter zurück, wurden Überreste von Schlafmohnkapseln doch mehrfach in neolithischen Pfahlbauten (etwa 4800 v. Chr.) gefunden (Schultze-Motel 1979: 208). Die ältesten schriftlichen Hinweise über die Kultur der Mohnpflanze finden sich hingegen auf sumerischen Tontafeln aus der Zeit um 3000 bis 3400 v. Chr.

Die im Milchsaft (Latex) verfügbaren Alkaloide weisen aphrodisierende, durchfall- und hustenreizlindernde, euphorisierende, fantasieanregende, narkotisierende, sedierende und trauminduzierende Effekte auf. Nicht selten berichten Anwender, dass sie durch gerauchtes oder gegessenes Opium oder durch das Trinken eines Mohn-Tees zunächst in einen entspannten, euphorisierten und hypnotischen Geisteszustand versetzt wurden, der – abhängig von unterschiedlichen Einflussfaktoren – auch mit klartraumähnlichen Visionen einhergehen kann.

Als psychoaktive Dosis gelten 0,1 bis 0,4 Gramm Rohopium. Die letale Dosis liegt bei zwei bis drei Gramm. Achtung: Opium unterliegt nahezu weltweit den Drogengesetzen.

Peganum harmala L.

Steppenraute

Steppenraute

Als wirksame Prinzipien wurden in den Samen der Steppenraute die β-Carboline Harmin und Harmalin und andere nachgewiesen. Diese Verbindungen wirken einerseits als Monoaminooxidase-Hemmer, daneben haben sie beruhigende und traumintensivierende Eigenschaften; hochdosiert (ab zehn Gramm) wirken sie möglicherweise subtil psychedelisch.

Für oneirogene Zwecke ist (genau wie für eine MAO-Hemmung) eine Dosis zwischen einem und vier Gramm ausreichend. Die Samen werden pulverisiert und in Kapseln gefüllt oder man bereitet aus ihnen einen Tee oder eine potente Tinktur zu. Des Weiteren können sie Verwendung als Zutat von geistöffnenden und traumverstärkenden Räuchermischungen finden. *Peganum-harmala*-Samen sind ein beliebter und potenter Ersatz für die Ayahuasca-Liane *Banisteriopsis caapi.*

Piper methysticum G.FORST.

Kava-Kava

Kava-Kava

Kava-Kava ist ein Pfeffergewächs, das von den südwestlichen Pazifikinseln (Fidschi, Mikronesien u.a.) stammt und im Volksmund aufgrund seiner angstlösenden, beruhigenden und euphorisierenden Eigenschaften auch unter der Bezeichnung Rauschpfeffer bekannt ist.

Die wirkstoffhaltige Wurzel wird im Rahmen traditioneller Zeremonien getrunken, sie kann aber auch weichgekaut und anschließend geschluckt werden. Ebenfalls ist die Verwendung einer alkoholischen Tinktur oder eines Trockenextraktes möglich. Alternativ können Kava-Konzentrate (z.B. Kava-Wax) geraucht oder vaporisiert werden (175–200 °C). Die traumintensivierende Wirkung der verschiedenen Kava-Produkte ist allerdings sehr individuell. So wird neben einer Verbesserung von angst- und stressbedingten Einschlafstörungen zwar häufig auch von einer Traumintensivierung berichtet – zum Beispiel von mehr Lebendigkeit im Traum oder von einer Erhöhung der Traumfrequenz, was jedoch nicht verallgemeinert werden darf.

➜ Nachdem im Jahr 2002 sämtliche Kava-Produkte in Deutschland und anderen EU-Staaten vom Markt genommen werden mussten, unterliegt ihre Abgabe inzwischen der **Rezeptpflicht** und strengen Sicherheitsauflagen. In den USA sind Heilmittel aus dieser Pflanze hingegen frei verkäuflich.

Salvia divinorum EPLING et JÁTIVA ✿

Azteken-Salbei

Azteken-Salbei

Der Azteken-Salbei (auch Wahrsage- und Zaubersalbei) ist eine wichtige Ritualpflanze mexikanischer Curanderos; hierzulande unterliegt er als nicht verkehrsfähiges Rauschmittel den Bestimmungen des Betäubungsmittelgesetzes.

Je nach Konsumform reicht das Wirkspektrum dieser Salbei-Art von introspektiv und meditationsfördernd bis hin zu dissoziativ und stark psychedelisch. Sublingual über die Mundschleimhaut absorbiert, etwa in der Darreichung eines Flüssigextrakts, wirkt Salvia eher tranceartig, während das Rauchen eines Trockenextrakts üblicherweise einen dissoziativen, psychedelischen und möglicherweise visionären Rausch erzeugt, der in seiner Intensität nicht nur sehr stark sein kann, sondern auch bizarr und verwirrend, und deshalb keinesfalls unterschätzt werden darf.

Als Oneirogen ist der Azteken-Salbei nur bedingt von Bedeutung. Es existieren jedoch Berichte darüber, dass er als solches wirksam sein kann, wenn er nicht als potentes Psychedelikum dosiert und eingenommen wird, sondern als Homöopathikum

(Brown 2016: 176), also wenn der bewusstseinsverändernde Wirkstoff Salvinorin A im Produkt nur noch in Spuren bzw. als »Information« vorliegt.

→ Im Rahmen einer 2017 durchgeführten Studie wurde herausgefunden, dass Salvinorin A in nennenswerter Konzentration außerdem in *Salvia cryptantha*, *Salvia glutinosa* und *Salvia recognita* vorkommt (Hatipoglu et al. 2017).

Salvia spp.

Salbei-Arten

Salbei

Aufgrund ihrer acetylcholinesterasehemmenden Wirkung kann die Applikation von einigen Salbei-Arten zu einer Intensivierung des Traumgeschehens führen, was in besonderer Weise auf *Salvia lavandulifolia* (Spanischer Salbei) und *Salvia officinalis* (Gartensalbei) zutrifft. Daneben gilt *Salvia sclarea* (Muskatellersalbei) als oneirogen wirksam. Die aromatischen Blätter dieser Salbei-Arten werden meist als Teeaufguss zubereitet; alternativ ist das Rauchen, Vaporisieren (170–190 °C), Räuchern sowie eine Verwendung als Traumkissenzutat möglich.

Scutellaria lateriflora L.

Blaues Helmkraut

Blaues Helmkraut

Das blaue Helmkraut (engl. *Blue skullcap*) ist eine wichtige nordamerikanische Heilpflanze mit einer angstlindernden sowie geist- und nervenberuhigenden Wirkung. Das getrocknete Kraut wird volksmedizinisch vorrangig als mildes Sedativum zur Behandlung von Einschlafstörungen eingesetzt. Außerdem wird es von einigen Personen als Mittel gegen Albträume sowie zur Traumintensivierung genutzt. Angewendet wird Helmkraut als Dekokt, Tee, Tinktur, Kapsel sowie als Rauch- oder Räucherwerk. Die übliche Dosis liegt zwischen einem und fünf Gramm. Als Hauptinhaltsstoffe wurden Flavonoide bestimmt, darunter Baicalin und Scutellarin.

Silene capensis OTTH.

Afrikanische Traumwurzel

Silene-*Blüte*

Silene capensis (Syn. *Silene undulata*) ist eines der wichtigsten Werkzeuge südafrikanischer Xhosa-Wahrsager. Diese sehen in der Wurzel des Nelkengewächses einen Mittler von Weisheit und Wissen und sprechen ihr die magische Kraft zu, die Traumerinnerung zu verbessern sowie visionäre Klarträume zu ermöglichen – Träume, in denen man sich traditionell mit den Geistern der Ahnen verbindet, oder versucht, künftige Ereignisse, die Krankheitsursache eines Stammesmitglieds oder andere wichtige Vorgänge zu erkennen.

Die pulverisierte Wurzel wird auf rituelle Weise zubereitet, indem sie in ein Gefäß gefüllt, mit Wasser aufgegossen und anschließend mit einem gegabelten Stab schaumig geschlagen wird (siehe Ubulawu, Seite 78). Die Zubereitung wird üblicherweise auf nüchternen Magen getrunken (nicht selten auch morgens), bis sich dieser aufgebläht anfühlt. Neben ihrem Einsatz als Traumverstärker wird *Silene capensis* von schamanischen Novizen zur

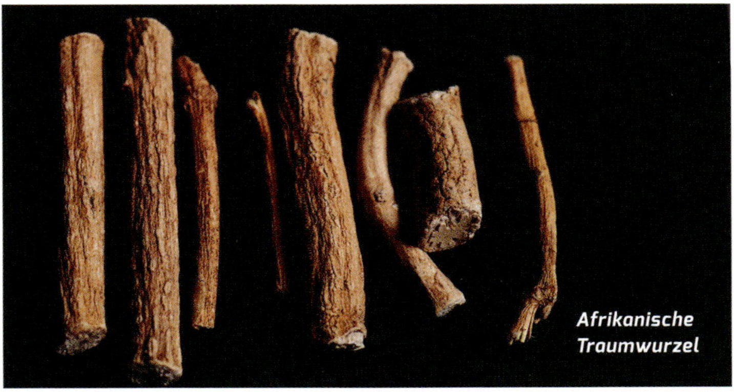
Afrikanische Traumwurzel

rituellen Reinigung verwendet: innerlich als Brechmittel, äußerlich für Körperwaschungen (Hirst 2005: 16).

Alternativ zu der »Traumschaum« genannten Konsumform ist es möglich, ein kleines Wurzelstückchen in den Mund zu nehmen, es weich zu lutschen, zu zerkauen und anschließend zu schlucken. Die für oneirogene Zwecke erforderliche Dosis liegt bei 200 bis 300 Milligramm des getrockneten Wurzelmaterials.

Synaptolepis kirkii Oliv. ❀

Uvuma Omhlope, Kirkii root

Synaptolepis kirkii ist ein traditionelles Hilfsmittel südafrikanischer Xhosa- und Zulu-Schamanen zur Herbeiführung von Trancezuständen, Traumvisionen und Traumdivinationen. Daneben fungiert die porzellanweiße Wurzel dieser Pflanze, ebenso wie andere Ubulawu-Gewächse, als rituelles Emetikum (Brechmittel) sowie als Körperseife.

Eine therapeutische Verwendung als Heilpflanze ist vom ostafrikanischen Volk der Shona bzw. Karanga dokumentiert. Zugehörige dieses Stammes verwenden einen Tee aus der Wurzel als Antiepileptikum (Sobiecki 2008: 347). Das oneirogene Potenzial dieser Pflanze liegt darin begründet, dass sie die Traumanzahl erhöhen, Träume lebendiger machen, die geistige Klarheit schärfen sowie die Fähigkeit zur Traumerinnerung verbessern kann. Die traditionelle Zubereitung und Anwendung gestaltet sich Ubulawu-typisch (siehe Ubulawu, Seite 78).

Die Zubereitung eines Teeaufgusses hat sich ebenfalls als wirksam erwiesen. Dazu übergießt man ein Wurzelstückchen oder etwas Wurzelpulver mit kochendem Wasser, lässt es fünf bis zehn Minuten ziehen und seiht ab. Der optimale Zeitpunkt zur Einnahme gestaltet sich sehr variabel, abhängig vom Biorhythmus des Individuums und anderen Faktoren. Da die gewünschte Wirkung jedenfalls erst einige Stunden nach der Einnahme einsetzt, wird der Wurzeltee von den meisten Personen bereits am Nachmittag oder frühen Abend getrunken. Die traditionelle Dosis beläuft sich auf 300 bis 400 Milligramm der pulverisierten Wurzel. Erste oneirogene Effekte können gegebenenfalls allerdings auch schon mit 50 Milligramm festgestellt werden. Daher empfiehlt es sich, mit dieser geringen Menge zu beginnen.

Iboga

Tabernanthe iboga (L.) NUTT

Iboga

Die Wurzel dieses Hundsgiftgewächses (Apocynaceae) ist ein entheogenes Sakrament im afrikanischen Bwiti-Kult, das infolge einer hohen Dosierung einen starken visionären Rausch induziert. Anwender beschreiben traumähnliche Zustände, in denen ihnen ihr ganzes Leben gezeigt wurde, worauf sie unterbewusste und zu Abhängigkeiten oder anderen Erkrankungen führende Schwierigkeiten zunächst erkennen und anschließend idealerweise lösen konnten.

Wird hingegen eine Mikrodosierung gewählt, lässt sich die Wurzel bzw. das in ihr verfügbare Indolalkaloid Ibogain als harmloses und sicheres Oneirogen verwenden (BROWN 2016: 167). Stimulative Effekte, psychedelische Visionen oder unangenehme Nebenwirkungen sind in diesem Fall nicht zu erwarten.

Die für oneirogene Zwecke erforderliche Mikrodosis beläuft sich auf 0,1–1 Gramm der pulverisierten Wurzel. Liegt der Wirkstoff Ibogain hingegen als Reinsubstanz vor, dann beträgt die Mikrodosis 5 bis 35 Milligramm.

Tagetes lucida Cav.

Glänzende Studentenblume

Tagetes

In Mexiko ist diese nach Anis duftende Studentenblume unter der Bezeichnung *Yauhtli* bekannt und bereits seit vorspanischen Zeiten gleichermaßen als Gewürzkraut, als Heilgewächs sowie als spirituelle Ritualpflanze von Bedeutung.

Die Pflanze wurde von den Azteken dem Regengott Tlaloc geweiht und außerdem mit dem Blumen-, Liebes-, Tanz- und Rauschgott Xochipilli in Verbindung gebracht. Heutzutage ist ihr magisch-ritueller Gebrauch noch bei den mexikanischen Ethnien der Mixe und Huicholen bekannt. Sie verwenden das Kraut als Teeaufguss im Rahmen von Divinationszeremonien oder als Zutat geistbewegender Rauch- und Räuchermischungen, häufig in synergistischer Kombination mit Tabak (*Nicotiana rustica*).

In Mexiko wird *Tagetes lucida* traditionell sowohl für rekreative und aphrodisierende als auch für spirituelle Zwecke geraucht. So rauchen beispielsweise die Huichol-Indianer diese Studentenblume gelegentlich während einer Peyote-Session, um lebhafte Visionen zu begünstigen. Über eine traditionelle Verwendung als rituelles Oneirogen liegen nur wenige Informationen vor, obschon davon ausgegangen werden kann, dass die Pflanze einstmals als solches eingesetzt wurde. Jedenfalls eignet sie sich aufgrund ihrer traumintensivierenden Wirkung sehr gut dazu.

Tagetes lucida beruhigt und entspannt das Gemüt und sorgt auf diese Weise für ein sanftes Einschlafen. Sie kann auch das Traumerleben bewusster und lebendiger machen, Gefühle innerer Wärme und außerdem möglicherweise schwach ausgeprägte optische bzw. visuelle Effekte erzeugen, die in der Einschlafphase unter den geschlossenen Augenlidern wahrgenommen werden können (Closed-Eye-Visuals, CEV).

Abhängig von der gewünschten Wirkintensität wird aus ein bis fünfzehn Gramm des trockenen Krauts oder der Blätter ein Teeaufguss zubereitet, der 30 Minuten vor dem Zubettgehen getrunken wird. Ebenfalls verbreitet ist das Rauchen oder Verdampfen (180–200 °C), wofür üblicherweise ein bis zwei Gramm benötigt werden.

Turnera diffusa Willd. ex Schult. ✿
Damiana

Damiana

Damiana wirkt beruhigend und angstlindernd, die Pflanze eignet sich sehr gut als Einschlafhilfe. Zubereitungen aus Damiana werden als Aphrodisiakum sowie als Mittel zur Traumintensivierung verwendet. Meist gestaltet sich die Wirkung auf das Traumgeschehen allerdings eher mild und unspektakulär. Am stärksten wirkt das getrocknete Kraut, wenn es in Extraktform zugeführt wird, beispielsweise als Tinktur. Damiana ist aber auch ein ausgezeichnetes Rauch- und Räucherkraut.

Vachellia xanthophloea (Benth.) P.J.H. Hurther ❀
Gelbrinden-Akazie

Gelbrinden-Akazie

Früher hieß es in Afrika, dass man durch den Kontakt mit dieser Pflanze Malaria bekommt, weshalb sie auch unter dem Namen *fever tree* (dt. Fieberbaum) bekannt ist. Heute weiß man, dass diese mit hohem Fieber einhergehende Infektionskrankheit von Stechmücken (Anopheles, Malariamücken) übertragen wird, die jedoch besonders gehäuft dort vorkommen, wo auch die Gelbrinden-Akazie wächst: in tropischen Feuchtgebieten. In der schamanischen Tradition der südafrikanischen Zulu ist die Rinde des Baums ein beliebtes Ubulawu-Additiv (Gobin 2015: 44). Sie kann aber auch als Teeaufguss zubereitet werden, wozu ein Teelöffel der getrockneten und zerkleinerten Rindenstückchen mit kochendem Wasser übergossen, fünf bis zehn Minuten ziehen gelassen und vor dem Zubettgehen getrunken wird. Keinesfalls ungewöhnlich ist es, dass sich die gewünschten Effekte erst am zweiten oder dritten Tag der Einnahme zeigen.

Valeriana officinalis L. ✿

Baldrian

Nicht selten wird die Wurzel des Baldrians als wirksames Oneirogen bezeichnet, das gemäß einigen Berichten spürbar das Traumerleben beeinflusst. Fakt ist, dass die Wurzel in Anbetracht ihrer sedierenden Eigenschaften seit langen Zeiten sehr erfolgreich zur allgemeinen Beruhigung sowie als Einschlafmittel eingesetzt wird. Die traumintensivierende Wirkung gestaltet sich jedoch sehr individuell und so liegen diesbezüglich höchst unterschiedliche Aussagen vor. Einige Personen haben gute Ergebnisse mit der Pflanze erzielen und ihr Traumbewusstsein spürbar erweitern können, auch von einer Verbesserung der Traumerinnerung wird bisweilen berichtet.

Im Rahmen einer Studie über das Potenzial von Kava-Kava und Baldrian zur Behandlung von stressbedingten Schlafstörungen, haben beispielsweise 16 Prozent der Versuchsteilnehmer luzide Träume als Nebenwirkung genannt (Wheatley 2001). Von den meisten Personen wird jedoch ausschließlich eine Verbesserung des Schlafs festgestellt, ohne nennenswerte Traumintensivierung, dafür aber mit einer Linderung konfuser und angsterfüllter Trauminhalte. Dies scheint auch dann zu gelten, wenn die Pflanze homöopathisch appliziert wird (Sivaram 2003: 41).

Die Baldrianwurzel wird bevorzugt als Tee, Tinktur oder als Kapsel verwendet. Für einen Teeaufguss werden ein bis zwei Teelöffel der zerkleinerten Rhizomstücke entweder mit kochendem Wasser übergossen oder, wenn eine stärkere Potenz gewünscht wird, fünf bis zehn Minuten lang in Wasser aufgekocht. Danach durch ein Sieb abseihen, auf die gewünschte Temperatur abkühlen lassen und 30 bis 60 Minuten vor dem Schlafengehen trinken.

Bei Verwendung eines Extrakts muss man aufpassen, dass es nicht versehentlich zu einer Überdosierung kommt. Sie wirkt genau entgegengesetzt und kann mit Unruhe, Angstzuständen und Schlaflosigkeit einhergehen. Von einer Tinktur reichen, abhängig von ihrer Potenz, üblicherweise bereits wenige Milliliter. Werden die Wirkstoffe hingegen in Kapseln eingenommen, ist in den meisten Fällen eine Dosis von 400 bis 900 Milligramm nötig, selten mehr.

Aufgrund von synergistischen Wechselwirkungen erfolgt die Anwendung des Baldrians häufig in Kombination mit weiteren beruhigend wirkenden Heilpflanzen, zum Beispiel mit Goldmohn (*Eschscholzia californica*), Kalmus (*Acorus calamus*), Kava-Kava (*Piper methysticum*), Melisse (*Melissa officinalis*) oder der Passionsblume (*Passiflora incarnata*).

Verbena officinalis L.

Eisenkraut

Das Eisenkraut ist ein uraltes Zaubergewächs, das dem damaligen Volksglauben nach hellsichtige und prophetische Träume fördert. Träume, in denen man von seiner zukünftigen Liebe oder anderen wichtigen Personen und Ereignissen aus der Zukunft erfährt. Des Weiteren hilft diese Pflanze erfahrungswissenschaftlich gegen Albträume und wirkt durch eine milde Beruhigung außerdem

kraut

einschlaffördernd, zudem möglicherweise traumverlängernd. Ein ritueller Gebrauch als traumintensivierendes Oneirogen soll einstmals angeblich vom nordamerikanischen Stammesvolk der Pawnee-Indianer praktiziert worden sein, allerdings liegen dazu nur sehr wenige verwertbare Informationen vor.

Am geläufigsten ist die Anwendung des Eisenkrauts als Tee. Dazu werden ein bis zwei Gramm des getrockneten und im Geschmack leicht bitteren Krauts mit 200 Milliliter kochendem Wasser übergossen, fünf bis zehn Minuten ziehen gelassen, abgeseiht und 30 Minuten vor dem Schlafengehen getrunken. Eine weitere Applikationsform ist die Einnahme von handelsüblichen Kapseln (500 bis 1000 Milligramm). Alternativ ist es möglich, *Verbena officinalis* als Zutat eines Traumkissens sowie für traumintensivierende Räuchermixturen zu verwenden.

Voacanga africana STAPF EX SCOTT-ELLIOT

Voacangastrauch

Voacangastrauch

In Ghana werden Rinde und Samen des Voacangastrauchs seit langen Zeiten als Stimulans sowie als schamanisch-rituelles Psychedelikum verwendet. Als wichtigste Inhaltsstoffe wurden diverse Indolalkaloide vom Iboga-Typ (Voacamin, Voacangin u.a.) bestimmt, die mit Ibogain zwar verwandt und entsprechend sehr ähnlich, nicht jedoch identisch sind.

Das Wirkspektrum der Voacanga-Samen reicht von stimulierend, aphrodisierend, vigilanzsteigernd bis hin zu halluzinogen, visionär und traumintensivierend. Als starke Dosis gelten 150 bis 400 Samen. Zur zielgerichteten Traumarbeit braucht es jedoch üblicherweise nur etwa 20 bis 50 Samen; eine Dosis, die bei einigen Personen bereits leichte, aber eindeutige psychoaktive Effekte induziert, möglicherweise einhergehend mit schwach ausgeprägten Closed-Eye-Visuals in der Einschlafphase.

Die Samen werden zwei bis vier Stunden vor dem Zubettgehen eingenommen. Dazu werden sie gekaut oder in einem Mörser gemahlen und in ein Getränk gegeben. Anwender beschreiben Voacanga-Träume als lebhaft, bunt und häufig als klar, manchmal aber auch als sehr verwirrend. Zu beachten ist, dass der Geist dieser Pflanze sehr mächtig ist und die Wirkung bei zu hoher

Voacanga-Samen

Dosierung oder ungünstigem Set schnell ins Unangenehme kippen kann. Hinzu kommt, dass für oneirogene Zwecke bestenfalls die Samen und nicht die stark stimulierende Rinde geeignet sind.

Mögliche Nebenwirkungen, die mit der Verwendung dieser Pflanze verbunden sein können, sind einerseits unangenehme Bauchgefühle nach der Einnahme, des Weiteren leichte Brustschmerzen am Folgetag. Überdosierungen können zu starken Muskelkrämpfen und zu einer Lähmung der Atemfunktion führen, schlimmstenfalls mit tödlichem Ausgang.

Fazit: Diese Pflanze ist ausschließlich etwas für Fortgeschrittene und sollte sinnvollerweise nur in einem rituellen Setting unter Begleitung angewendet werden!

Oneironautische Praxis · Traumpflanzen-Anwendung

Die Relevanz der inneren Haltung

Einer der wichtigsten Aspekte im Kontext des luziden Träumens und einer oneirogenen Pflanzen-Anwendung ist die innere Haltung. Nur wenn das sogenannte Set entsprechend ausgerichtet wird, können Traumpflanzen und andere traumintensivierende Techniken ihre maximale Wirksamkeit entfalten. Es geht um individuelle Absichten, Wünsche und letztlich immer um intrinsisch motivierte Herzensangelegenheiten.

Alle, die Traumpflanzen für sich selbst nutzbar machen wollen, sollten sich deshalb immer die Frage stellen, was genau sie mit ihrer Einnahme bezwecken oder in Erfahrung bringen möchten. Es ist jedoch ganz wichtig, dass man im Kontext einer Traumpflanzen-Anwendung nicht gleich beim ersten Mal die höchsten Erwartungen stellt und sich beim Erlernen des luziden Träumens nicht unter Druck setzt. Denn ähnlich wie es in der Meditationspraxis oder nach der Einnahme einer entheogenen Substanz oft der Fall ist, stellen sich die wirklich wundervollen, intensiven und erhellenden Erlebnisse erst dann ein, wenn man von seinen Verstandesvorstellungen und -wünschen, die im Grunde ständig latent vorhanden sind, losgelassen hat.

Das Ganze ist gewissermaßen also immer als eine Art ganzheitlicher Lernprozess zu verstehen, der durchaus einige Zeit in Anspruch nehmen kann; obwohl ein klares Traumbewusstsein natürlich auch ganz spontan eintreten kann. Sinnvoller ist es daher, sich durch diesen Lernvorgang intuitiv hindurch führen zu lassen. Denn sobald wir aus vollem Herzen für eine Sache »brennen« bzw. viel Herzensenergie in eine bestimmte Thematik hineingeben, werden uns sämtliche Türen geöffnet, im Inneren wie im Äußeren.

Oneirogene Synergien

Traumpflanzen können vielfältig kombiniert und synergistisch verstärkt werden – mit anderen Traumpflanzen sowie mit magischen und nonpharmakologischen Techniken. Die individuell-optimale Herangehensweise muss jeder Oneironaut allerdings selbst herausfinden, was üblicherweise jedoch intuitiv und gewissermaßen ganz von selbst geschieht.

1. Traumpflanze + Traumpflanze: Einige Traumpflanzen zeigen ihre Wirkung insbesondere dann, wenn sie in Kombination eingenommen werden bzw. in einem pharmakologischen Bündnis mit anderen Pflanzengeistern auftreten. Im oneirogenen Sinne gelten beispielsweise folgende Pflanzenkombinationen als synergistisch bzw. als sich gegenseitig positiv beeinflussend: *Calea ternifolia* und *Banisteriopsis caapi, Acorus calamus* und *Valeriana officinalis, Piper methysticum* und *Valeriana officinalis.*

2. Traumpflanze + magische Techniken: Die Einnahme von pharmakologisch aktiven Traumpflanzen wird mit magischen Anwendungstechniken verknüpft. Das bedeutet, dass vor dem Zubettgehen eine Traumpflanze beispielsweise als Tee oder Tinktur eingenommen wird und zusätzlich oneirogene Räucherwerke, ein Traumamulett und/oder ein Traumkissen und anderes zum Einsatz kommen.

3. Traumpflanze + nonpharmakologische Techniken: Ebenfalls möglich und grundsätzlich auch zu empfehlen ist die Kombination einer Traumpflanzen-Einnahme mit der Anwendung einer präferierten nonpharmakologischen Technik, zum Beispiel Autosuggestion, Meditation, Gebet, Deprivation, Visualisierung, DILD (Dream-Initiated Lucid Dream), WILD (Wake-Initiated Lucid Dream). Abhängig von der persönlichen Präferenz und Intuition, kann zusätzlich natürlich auch geräuchert oder sich einer anderen magischen Technik bedient werden.

→ In diesem Kontext spielt auch das Thema Ernährung eine besondere Rolle. Wie es aus zahlreichen spirituellen Schriften und aus der schamanischen Praxis bekannt ist, kann eine möglichst **pflanzliche und naturbelassene Ernährungsweise** einen gewichtigen Beitrag zur Verfeinerung unserer Wahrnehmungsfähigkeiten leisten. Anders formuliert: Mit guten, gesunden und heilsamen Informationen gestärkt, gelingt es uns wesentlich einfacher zu meditieren, Traumreisen zu unternehmen, uns mit Mutter Erde zu verbinden, Pflanzengeister zu kontaktieren etc.

Luzides Träumen als spiritueller Weg

> *Der Traum ist eine kleine, verborgene Tür im Allerheiligsten der Seele, die in die Urgründe der kosmischen Nacht führt, die Seele war, lange bevor es ein bewusstes Ego gab, und die weit über alles hinaus, was das bewusste Ego je erreichen kann, Seele sein wird.*
>
> C. G. Jung

Im tibetischen Buddhismus, dessen Anhänger bereits seit Jahrtausenden sogenanntes Traum-Yoga praktizieren, aber auch in vielen weiteren Kulturkreisen, gilt der Klartraum seit jeher als eine der wichtigsten Disziplinen auf dem Weg der spirituellen Entwicklung. Wie mithilfe von Meditation ein klarer und gegenwärtiger Geisteszustand am Tag angestrebt wird, ist das luzide Träumen eine Möglichkeit, um auch in der Nacht bewusst zu sein. Man könnte auch sagen, dass sich luzides Träumen zum gewöhnlichen Trübtraum genauso verhält wie eine meditative Achtsamkeit zum alltäglichen Wachbewusstsein (Metzner 2012: 68).

Bezogen auf das spirituelle Erkenntnispotenzial führt eine Klartraum-Erfahrung in den allermeisten Fällen zu der Einsicht, dass unser Geist Realitäten kreieren kann und wir entsprechend über gigantische Schöpfungskräfte verfügen – eine Erkenntnis, die in Zuständen des alltäglichen Wachbewusstseins allerdings sehr häufig vergessen wird. Durch Meditation, luzides Träumen und andere Bewusstseinstechniken kann es jedoch möglich sein, derartige Einsichten dauerhaft zu stabilisieren, um sie für uns, für andere und letztlich für den gesamten Planeten nutzbar zu machen. Sobald wir begriffen und verinnerlicht haben, dass wir selbst der Schöpfer unserer eigenen inneren sowie äußeren Realitäten und Welten sind, werden wir zwangsläufig ein bewussteres und naturverbundeneres Leben führen und auf diese Weise (ganz automatisch) sowohl die Qualität unseres Wach- als auch unseres Traumbewusstseins verbessern.

Ebenso sei in diesem Kontext ein Aspekt betont, der sowohl im Klartraum als auch im Rahmen eines mystischen (Einheits-) Erlebnisses im Wachbewusstsein von elementarer Bedeutung sein kann: Die Erfahrung des sogenannten »Erwachens«. Denn in beiden Zuständen erinnert man sich möglicherweise daran oder wird sich dessen wieder bewusst, dass die Person, die man zu sein glaubt, bloß eine temporäre Illusion ist und man außerhalb der jeweiligen »Matrix« tatsächlich eine andere Existenz hat.

आत्मन्

Atman, das »innere Selbst«

In Indien wird das wahre »Ich« bzw. »Selbst«, das alles durchdringt und niemals wacht, schläft oder träumt und als schweigender und lehrender Zeuge sämtlicher Erfahrungsrealitäten fungiert, auch *Atman* genannt. In außergewöhnlichen Bewusstseinszuständen können wir uns zuweilen an dieses ureigene, ewige und aus sich selbst heraus existierende »innere Selbst« erinnern. Das sogenannte relative »Ich« (lat. *Ego*) wird auf Sanskrit hingegen als *Ahamkara* bezeichnet. Diese ausschließlich über die direkte Erfahrungsebene zu verinnerlichende Erkenntnis, das sogenannte »Erwachen«, kann zu unbeschreiblichen Zuständen von Harmonie, Freude und Glückseligkeit führen.

Traumpflanzen-Rituale

Ein kurzer Blick auf die jeweiligen Traumpflanzen-Traditionen genügt, um festzustellen, dass der Gebrauch von Oneirogenen üblicherweise in einem rituellen Rahmen stattfindet. Eine Praxis, die allein schon aus psychologischen Gründen höchst ratsam erscheint. Schließlich ist ein Ritual wunderbar dazu geeignet, um sich im Geist auf das Vorhaben einzustimmen. Daneben schafft es einen der Erfahrung angemessenen Rahmen, der aus dem gesamten Prozess von Traumpflanzen-Einnahme und luzider Traumerfahrung etwas Sakrales machen kann.

Kurz gesagt stellen Rituale immer einen Prozess der Bewusstwerdung dar. In diesem Kontext werden die verwendeten Pflanzen in Dankbarkeit gewürdigt und man verbindet sich mit ihnen, was qualitativ zu ganz anderen Effekten und Ergebnissen führen kann als der achtlose und profane Konsum einer Traumpflanze. Wie ein solches Traumpflanzen-Ritual aufgebaut ist, gestaltet sich abhängig von der persönlichen Präferenz, Intuition und kulturellen Prägung ganz unterschiedlich, weshalb der nachfolgende Abriss lediglich als mögliches Beispiel dienen kann.

1. Traumpflanzen-Zubereitung (z.B. Tee)
2. Für eine wohlige Atmosphäre sorgen: Zum Beispiel Kerzen anzünden oder ein angenehmes Licht einschalten
3. Räuchern mit oneirogenen Pflanzen oder Einsatz von traumintensivierenden ätherischen Ölen.
4. Meditation und Verbindung mit dem Pflanzengeist. Dem Pflanzengeist wird ein Anliegen geschildert oder eine Frage gestellt – mit der Bitte, unterstützend zur Seite zu stehen.
5. Die Traumpflanze bzw. Zubereitung wird eingenommen.
6. Optional kann ein Traumamulett umgehängt und/oder ein Traumkissen mit ins Bett genommen werden.
7. Eine gemütliche Atmosphäre im Schlafzimmer schaffen.
8. Autosuggestion. Folgende Sätze mehrmals wiederholen: »Heute Nacht habe ich einen Klartraum« oder »Sobald ich träume, werde ich mir des Traumes bewusst sein und dieses oder jenes tun«. Natürlich können die suggestiven Sätze individuell angepasst werden.
9. Am nächsten Morgen kann man den Traum aufschreiben, gegebenenfalls kurz meditieren, dem Geist danken und das Ritual anschließend beenden. Das Ende lässt sich beispielsweise durch das Läuten einer kleinen Glocke oder Klangschale markieren.

Pflanzengeist-Begegnungen

Dies ist der schamanische Weg der Pflanzenannäherung bzw. -erforschung, der es ermöglicht, Informationen über die Eigenschaften einer Pflanze in Erfahrung zu bringen. Genauso, wie es auch im Zuge einer tiefen Pflanzenmeditation der Fall ist, können wir den Pflanzengeistern auch im Klartraum begegnen, sie kennenlernen und mit ihnen in einen kommunikativen Austausch treten. Der Dialog verläuft dabei vorrangig auf der Herz- bzw. Seelenebene, obwohl die Pflanzengeister, wenn sie uns im Traum beispielsweise als Kobold, Wichtel, Engel oder Elfe u.a. erscheinen, durchaus auch in Worten zu uns sprechen können.

Pflanzengeist-Begegnungen im Traum können sowohl spontan auftreten als auch mehr oder minder willentlich herbeigeführt sein. So kann es passieren, dass plötzlich und unerwartet in unseren Träumen ein Pflanzengeist auftaucht und uns eine wichtige Botschaft mitteilt. Auffällig ist, dass so etwas häufig genau dann stattfindet, wenn eine Krankheit bevorsteht, von der man möglicherweise noch gar nichts erahnt und die sich materiell noch nicht manifestiert oder akut bemerkbar gemacht hat, sondern bislang nur als dunkler Abdruck im Energiekörper vorliegt. Der Pflanzendeva erklärt uns dann womöglich ganz konkret, wie wir ihn im

Im Klartraum können wir Pflanzengeistern begegnen.

Sinne eines gelingenden Heilungsprozesses zur Anwendung bringen können, oder er verrät uns ein heilsames Kraftlied, dessen Schwingungen uns die Möglichkeit geben, feinstoffliche Disharmonien in unserem Körper positiv auszugleichen. Die bevorstehende Erkrankung lässt sich dadurch idealerweise komplett abwenden oder zumindest in ihrer Intensität deutlich abschwächen. Manchmal drückt sich eine in Träumen erscheinende Pflanzenseele aber auch in einer sehr symbolhaften Sprache aus. In diesem Fall gilt es, die Trauminhalte richtig zu interpretieren, um verstehen zu können, was sie uns sagen bzw. auf was genau sie unsere Aufmerksamkeit lenken will.

Ebenso ist es möglich, dass ein Pflanzendeva in unseren Träumen auftaucht, wenn man zum Beispiel sein höheres Selbst und/oder seine Schutzgeister darum bittet, einen Hinweis auf Möglichkeiten zur Heilung einer Erkrankung oder einer anderen Problemlösung zu schicken. Dann zeigt sich dem Träumenden plötzlich ein bestimmtes Kraut und verrät ihm, wie es ihm (oder einer anderen Person) helfen kann. Einigen Klarträumern und schamanisch arbeitenden Personen ist es aber auch möglich, sich im Zustand der Traumluzidität direkt an die verbündeten Pflanzenwesen zu wenden; meist setzt das allerdings eine lange und intensive Beziehung zu ihnen voraus.

Medizinalpflanzen- und Psychedelika-Anwendung im Traum

Erfahrene Klarträumer können im luziden Traumzustand zur gezielten Behandlung sämtlicher Krankheitssymptome entsprechende Heilpflanzen aufsuchen, zubereiten und anwenden. Obwohl diese Technik auf der pharmakologischen Ebene – im Vergleich zu einer tatsächlichen Einnahme heilsamer Pflanzenwirkstoffe – nur wenig aktiv ist, können wir dennoch davon ausgehen, dass die Heilmittel-Anwendung im Klartraum einen stärkenden und keinesfalls zu unterschätzenden Einfluss auf unsere Selbstheilungskräfte hat, vergleichbar mit einem Placebo.

Was für medizinische Heilpflanzen gilt, trifft auch auf psychedelische Visions- und Schamanenpflanzen zu – unsere Heilpflanzen des Geistes. Auch sie können im Traum zur Anwendung gebracht werden, worauf man ähnliche intensive Zustände erfahren kann, wie es bei einer Psychedelika-Applikation im Wachbewusstsein der Fall ist. Trinkt man im Klartraum beispielsweise Ayahuasca, raucht DMT oder isst eine Portion psychoaktiver Psilocybe-Pilze kann es möglich sein, das volle visionäre und außerkörperliche Wirkspektrum dieser geistbewegenden Mittel zu erfahren.

> »I have dreams in which I smoke DMT, and it works. (...) It seems to imply that one does not have to smoke DMT to have the experience. You only have to convince your brain that you have done this and it then delivers this staggering altered state« (McKenna zit. in Brown 2016: 48).

Nach Tart (1969) sind sogenannte »High-Träume« allerdings nur dann möglich, wenn man bereits bewusstseinsverändernde Erfahrungen mit diesen Substanzen im Wachbewusstsein gesammelt hat bzw. wenn das Wissen um ihre psychoaktive Qualität über die eigene Erfahrung verinnerlicht wurde. Es liegen aber auch Traumberichte vor, die aufzeigen, dass die Wirkungen von geistbewegenden Molekülen selbst dann in einem Traum erlebt und möglicherweise genossen wurden, ohne dass der Träumende jemals zuvor mit diesen Substanzen in Berührung gekommen ist. Beispielsweise schildert die Traumforscherin Ann Faraday in ihrem Buch *Dream Power* (1972: 253) ein Traumerlebnis, in dem sie die Wirkung von Hanf erfuhr, obwohl sie diese Pflanze noch nie zuvor eingenommen hatte. Demnach wäre es möglich, dass unser Gehirn auch ohne entsprechende praktische Vorerfahrungen im Wachbewusstsein in unseren Träumen die bewusstseinsverändernde Wirkung von bestimmten Substanzen simulieren kann. Anzunehmen ist jedoch, dass ein gewisser Bezug zu der im Traum verwendeten Substanz oder Pflanze auch im Wachbewusstsein vorhanden sein muss. Eine Substanz, die wir nicht kennen, von der wir noch nie etwas gehört oder gelesen und von der wir folglich auch keine Vorstellung haben, kann im Traum wahrscheinlich auch nicht angewendet und erfahren werden.

Dazu das Beispiel eines Traums, in dem der Experimentator die halluzinogene Wirkung der Datura erlebte, obwohl er diese Schamanenpflanze niemals zuvor für psychoaktiv-halluzinogene Zwecke verwendet hatte. Allerdings hatte er sich der Pflanze im Voraus bereits mehrfach theoretisch und meditativ angenähert und sie auch im Garten kultiviert. Außerdem hatte er die aktiven Pflanzenteile gelegentlich als Räucherwerk verwendet, was jedoch bekanntlich keine halluzinogenen Trugbilder und Verwirrtheitszustände hervorruft.

»Ich ging im Traum spazieren, nahm währenddessen einen kleinen Schluck von einer Datura-Tinktur ein und hatte anschließend ein sehr kribbeliges Körpergefühl. Weiterhin wurde die Sicht zunehmend unscharf, meine Körpertemperatur erhöhte sich, Gegenstände und Bäume wurden dreifach gesehen und die Anwesenheit von Personen wurde halluziniert u.a. Letzteres wurde mir am Ende des Traums dadurch bewusst, indem mir meine Traumbegleitung (die im Traum von Anfang an dabei war) mehrfach vertrauensvoll zusicherte, dass die von mir gesehenen Personen, mit denen ich eine ganze Weile rege kommuniziert habe und die mich in ihrem Auftreten und Vorhaben etwas beunruhigten, wirklich nicht da gewesen sind. Ziemlich verwirrt akzeptierte ich das halluzinogene Traum-Erlebnis und beruhigte mich von der Aufregung. Kurz darauf bin ich aufgewacht.« (Anonymer Report)

Meditation

Die Meditation ist die wahrscheinlich älteste Technik zur Erweiterung und Erforschung unseres Bewusstseins. Sie ermöglicht eine tiefe innere Einkehr, sensibilisiert die Wahrnehmungsfähigkeiten, holt einen jeden Geist genau dort ab, wo er gerade steht und lässt diesen entsprechend des eigenen Standpunkts wachsen und reifen. Meditation ist gesundheitsfördernd und weckt im zentrierten Geist die Erkenntnis, dass er mit allem einheitlich verbunden ist und sich mit allem bewusst verbinden kann. Der Meditierende erfährt im Idealfall Zustände tiefer Ruhe und Zufriedenheit.

Meditation kann dabei helfen, Trauminhalte zu verstehen und zu integrieren.

In vielen Fällen führt eine durch diverse Meditationsübungen begünstigte Achtsamkeit zu der Erkenntnis, dass wir uns im gewöhnlichen Wachbewusstsein oftmals ebenso unbewusst verhalten wie es in unklaren Trübträumen der Fall ist. Nicht von ungefähr wird unser alltäglicher Wachzustand in mystischen Lehren deshalb sehr häufig auch als Traum oder (Tief-) Schlaf bezeichnet, indes die Meditation eines der bewährtesten Werkzeuge dazu ist, um sich aus diesem Zustand zu »befreien«. Wem das gelingt und wer sich folglich darum bemüht, in seinem alltäglichen Handeln, Denken und Fühlen achtsam und bewusst zu sein, dem fällt das erfahrungsgemäß auch in der Traumwelt leichter – und umgekehrt.

Gleichzeitig ist die Meditation eine geeignete Methode zum Verstehen, Verarbeiten und Integrieren von bestimmten Trauminhalten und -erkenntnissen. Mit ihrer Hilfe können wir Antworten auf Fragen finden, die beispielsweise durch intensive, jedoch unverständliche Traumerfahrungen hervorgerufen wurden und die von der Verstandesebene aus nicht beantwortet oder gedeutet werden können. Solche Antworten offenbaren sich während einer Meditation allerdings nicht in Worten oder Sprache, sondern intuitiv, zum Beispiel, indem der gesamte Organismus plötzlich von einem kräftigen »Gefühlsschwall« durchströmt wird.

Letztlich ist es durch das gezielte »Nach-innen-Richten« unseres Bewusstseins möglich, einen Zustand zu erfahren, in dem vieles geheilt und wieder zur »Ganzheit« geführt werden kann. All das, was die Seele nicht nährt, sondern lediglich unsere Verstandesvorstellungen und Egoanhaftungen (Neid, Angst, Gier etc.) füttert, kann durch Meditation losgelassen und bereinigt werden.

Realitätstests durchführen

Beim sogenannten Realitätstest (auch Realitäts-Check genannt, engl. *Reality Check*, RC) stellt man sich mehrfach (etwa zehnmal) am Tag kritisch und bei voller Bewusstheit die Frage, ob man sich im Traum- oder im Wachzustand befindet. Nach einigen Wochen der Anwendung kann diese Reflexionstechnik dazu führen, dass der Oneironaut dazu in der Lage sein wird, sich diese Frage auch im Traum zu stellen. Beantwortet er sie schließlich mit einem sicheren »Ja, ich träume«, wandelt sich ein gewöhnlicher Trübtraum meistens augenblicklich in einen Klartraum um.

Traumtagebücher

Das Traumtagebuch ist eine sehr gute Methode zur Aufzeichnung von Trauminhalten, die es ermöglicht, sich besser an geträumte Details erinnern und die »Traum-Essenz« oder »Traum-Botschaft« wesentlich leichter ins Wachbewusstsein übertragen zu können. Am sinnvollsten ist es, den Traum gleich nach dem Aufwachen aufzuschreiben, da die Erinnerung dann noch frisch und unverfälscht ist. Man sollte deshalb bereits vor dem Zubettgehen einen Stift und ein Blatt Papier bereitlegen.

Anschließend sollte man die Notizen gut aufbewahren. Es kann nämlich eine schöne, interessante und durchaus auch sehr aufschlussreiche Erfahrung sein, nach Jahren noch einmal in seinen eigenen Traumgeschichten zu lesen.

Luzide Albträume

In einem Albtraum zeigen sich unsere tiefsten Ängste, die wir bewusst oder unbewusst verdrängt haben. Sie manifestieren sich beispielsweise in furchterregenden Situationen oder in symbolischer Form, die uns massiv bedrohen, erschrecken, blockieren und beängstigen können. Traumforscher Paul Tholey spricht in

In Albträumen zeigen sich unsere tiefsten Ängste.

diesem Zusammenhang von »feindseligen Traumgestalten« (THOLEY 1982), deren existenzieller Ursprung jedoch meist innerhalb unseres eigenen Unterbewusstseins liegt. Des Weiteren geben Albträume sehr häufig einen Hinweis darauf, wo man in seiner persönlichen und spirituellen Entwicklung gerade steht, und welche Bereiche es zu bearbeiten gilt. Somit liegt in diesem Phänomen, wenn auch häufig erst auf den zweiten Blick, immer auch eine große Chance zur Therapie, Heilung und Weiterentwicklung; besonders dann, wenn uns das Erfahrungsgeschenk gegeben wird, einen Albtraum mit wachem und klarem Bewusstsein zu erleben.

Dann können wir nämlich aktiv in das Traumgeschehen eingreifen und die Situation grundlegend verändern, etwa indem man der bedrohlichen Gestalt offen gegenübertritt und sie fragt, wer sie ist, wo sie herkommt und was sie möchte. Danach verändert sich möglicherweise schlagartig ihre bösartige Erscheinung und sie beantwortet liebevoll die von uns gestellten Fragen, was zu wichtigen Erkenntnissen über den tatsächlichen Auslöser unserer Albträume führt. Tut sie es nicht, ist es uns im Zustand der Traumluzidität außerdem möglich, die Traumgestalt aus vollem Herzen zu umarmen oder sie ins transformierende »Licht« zu schicken. Einige Personen berichten auch, dass sie die Traumgestalt bekämpft oder gar getötet haben, was zwar möglich ist, im Gegensatz zu einer offenen und liebevollen Annäherung jedoch erst einmal die zweite oder dritte Wahl bleiben sollte.

In der Traumwelt bewegt sich unser Geist außerhalb des Raum-Zeit-Kontinuums.

Genauso verhält es sich, wenn wir in unserem Alltag an Höhen- oder Platzangst, Phobien oder anderen Angststörungen leiden und in diesem Zusammenhang einen luziden Albtraum haben; auch dann empfiehlt es sich, konfrontationstherapeutisch vorzugehen. Denn sobald uns in einem solchen Albtraum bewusst wird, dass wir träumen, können wir, ohne dabei in Panik zu geraten, hohe Leitern erklettern, Spinnen auf die Hand nehmen, enge Räume betreten usw., was im besten Fall zu einem vollständigen Verschwinden der jeweiligen Angststörung führt.

Generell ist jedoch zu berücksichtigen, dass es eines möglichst geschulten Bewusstseins und einiger Geduld bedarf, um solche Albträume, die zunächst unverständlich und konfus erscheinen, differenziert wahrnehmen und sinngerecht interpretieren zu können. Denn nicht immer ist die Botschaft eines Albtraums direkt zu begreifen, und nur allzu leicht kann es passieren, dass man sich in bestimmte Thematiken »verrennt« oder aufgrund eines gewissen »Wahrnehmungsnebels« nicht richtig erkennen und deuten kann.

Der optimale Einnahmezeitpunkt

Die meisten Traumpflanzen-Zubereitungen werden 30 bis 120 Minuten vor dem Schlafengehen eingenommen. Da die traumreiche REM-Phase in der zweiten Schlafhälfte üblicherweise am längsten und intensivsten ist, stellen sich viele Oneironauten aber auch den Wecker und nehmen die Pflanze zu einem Zeitpunkt ein, an dem sie bereits drei bis vier Stunden Schlaf hinter sich haben.

Zu beachten ist, dass einige Traumpflanzen ihre volle Wirksamkeit möglicherweise auch erst dann entfalten, wenn sie über einen Zeitraum von mehreren Tagen bis Wochen regelmäßig verwendet werden; der konkrete Einnahmezeitpunkt ist dann häufig sekundär, wichtiger ist die Regelmäßigkeit. Das Fazit lautet, dass zum optimalen Einnahmezeitpunkt keine allgemeingültigen Aussagen getroffen werden können und dieser experimentell herausgefunden werden muss. Schließlich ist jedes Traumkraut, genau wie jeder Mensch, ein Individuum.

Gefahren und Kontraindikationen

Die luzide Traumreise birgt an und für sich keine Gefahren und ist somit eine sehr sichere Unternehmung. Selbst dann, wenn wir uns im Traum schwer verletzen oder gar sterben sollten, hat das auf unseren physischen Körper keinerlei Auswirkungen.

Etwas anders verhält es sich bei der Einnahme von Traumpflanzen: Hier können sehr wohl gewisse Kontraindikationen und potenzielle Gefahren vorliegen. Jeder, der eine Traumpflanze nutzen möchte, muss sich daher im Voraus genauestens über ihre Anwendungs- und Dosierungsmöglichkeiten sowie über das jeweilige Wirkungs- und Nebenwirkungsprofil informieren.

Mögliche Kontraindikationen können beispielsweise Herz- oder Kreislaufschwäche sein, was besonders für jene Gewächse gilt, die entsprechend dosiert entweder als starke Stimulanzien oder als machtvolle Psychedelika und Halluzinogene wirken können.

Rechtliches

Fast alle in diesem Buch vorgestellten Traumpflanzen unterliegen keiner betäubungs- oder arzneimittelrechtlichen Bestimmung. Man kann sie deshalb anbauen, erwerben, besitzen und verwenden, ohne juristisch in Schwierigkeiten zu geraten,. Das gilt jedoch nicht für *Salvia divinorum* und den Schlafmohn. Besitz und Handel dieser beiden Gewächse oder aus ihnen gewonnener Produkte sind gemäß der aktuellen Gesetzeslage in Deutschland und vielen anderen Staaten illegal.

Rezepturen und traditionelle Oneironauten-Präparate

Ubulawu – Der afrikanische Traumschaum

Ubulawu (dt. »der Geist, der einen leitet«) ist für südafrikanische Xhosa- und Zulu-Schamanen gleichermaßen eine Medizin für Körper, Geist und Seele. Der sogenannte »Traumschaum« wird üblicherweise in Kombination mit rituellem Tanz und Gesang für Divinationen und Prophezeiungen, für Ahnen- und Geisterkontakte, zur Stärkung der Intuitionsfähigkeit, zur allgemeinen Gesundheitsförderung sowie zur Herbeiführung von außerordentlich intensiven und klaren Traumzuständen eingesetzt. Auf der anderen Seite wird er als Seife für rituelle Körperwaschungen sowie als Emetikum (*ukugabha*) verwendet, denn nach Auffassung südafrikanischer Heiler kann die heilige Medizin Gesund- und Bewusstheit nur dann fördern, wenn mit ihr nicht nur der Geist gereinigt wird, sondern auch der Körper – innerlich sowie äußerlich (genauso verhält es sich in der Gesundheitslehre der Ayurveda und in zahlreichen sonstigen traditionellen Medizinsystemen).

Traditionell wird Ubulawu vorzugsweise morgens, kurz nach dem Aufstehen und noch bevor etwas gegessen oder getrunken wurde, hergestellt. Zurückgezogen in einen ruhigen Raum, werden Kerzen angezündet und mit viel geistiger Hingabe und unter der Rezitation oder dem Gesang von Gebeten die Medizin zubereitet: Bestimmte, meist saponinhaltige Pflanzenteile werden in einen großen Becher (*ibhekile*) gegeben, mit Wasser aufgegossen und so lange mit einem gegabelten Stock (*ixhayi*) gerührt und geschlagen, bis die Flüssigkeit durch die im Pflanzenmaterial verfügbaren Saponine eine schaumige Konsistenz angenommen hat. Danach ist das Ubulawu anwendungsbereit. Da jedoch nicht alle Ubulawu-Pflanzen Saponine enthalten, ist das Getränk sehr selten auch schaumlos. Die Zubereitung der Kräuter als Teeaufguss ist ebenfalls möglich, in traditionellen Settings jedoch eher untypisch.

Die Afrikanische Traumwurzel (*Silene capensis*) gilt weithin als die wichtigste Ubulawu-Zutat. Daneben existiert aber noch eine Vielzahl an sonstigen Pflanzenarten, die dem Ritualtrunk traditionell beigegeben und entsprechend für sakrale und traumverstärkende Zwecke eingesetzt werden.

Traditionelle Ubulawu-Pflanzen

Acacia elephantina BURCHARD Ntolwane
Alberta magna E. MEY. Umabophe
Asparagus setaceus (KUNTH.) JESSOP Ruringare
Behnia reticulate (THUNB.) DIDR. Uzihlwele
Chionanthus battiscombei (HUTCH.) STEARN
Cyanotis speciosa (L.F.) HASSK. Umagoswana
Deinbollia oblongifolia (E.MAY. EX ARN.) RADIK. Umbangabanga
Dianthus mooiensis B.S. WILLIAMS Utshanibezwe
Entada rheedii SPRENG. Umbhone
Gerbera piloselloides (L.) CASS. Umqwashu
Helinus integrifolius (LAM.) KUNTZE Ubhubhubhu
Lobelia coronopifolia L. Itshilizi
Lobelia flaccida (C. PRESL.) A.DC. Isidala
Maesa lanceolate FORSSK. Umagupu
Pappea capensis ECKL. ET ZEYH. Uvuma Bomvu
Rhoicissus tridentata (L. F.) WILD ET DRUMM Uchithibhunga
Rhus pauciflorus L.F. Uqume
Rubia cordifolia L. Umalibombo
Scabiosa columbaria L. Ibheka
Silene capensis OTTH. Ubulawu
Vachellia xanthophloea (BENTH.) P.J.H. HURTHER Umhlosinga
Vernonia oligocephala (DC.) SCH.BIP. EX WALP. Ihlambihloshane
Xysmalobium undulatum (L.) W.T.AITON Uzara

Oneirogene Räucherwerke (Beispiele)

Viele Traumpflanzen können auch als Räucherwerk eingesetzt werden. Pharmakologisch betrachtet wirken sie in dieser Darreichungsform jedoch weniger intensiv, als wenn sie geraucht oder als Tee bzw. Tinktur zugeführt werden. Aus der aromatherapeutischen, spirituellen und magischen Perspektive sieht die Sachlage hingegen anders aus: Demgemäß können einige Traumpflanzen auch dann einen spürbaren Einfluss auf unser Traumgeschehen nehmen, wenn sie vor dem Zubettgehen im Schlafzimmer geräuchert werden, pur oder in Kombination. Danach kurz durchlüften.

Kyphi

Hierbei handelt es sich um ein uraltes Räucherprodukt mit geistbeflügelnder, meditationsfördernder und traumintensivierender Wirkung, das ein sehr angenehmes Aroma verströmt und sich bei den Pharaonen des alten Ägyptens allerhöchster Beliebtheit erfreute, ganz besonders in den Abendstunden. Kyphi wurde gewöhnlich als Kugel zubereitet und enthielt Überlieferungen zufolge eine Vielzahl von Zutaten: Benzoe, Binsen, Bockshornklee, Galbanum, Honig, Kalmus, Kardamom, Koriander, Mastix, Minze, Myrrhe, Rose, Rosinen, Stechapfel, Styrax, Wacholder, Weihrauch, Wein, Zimt, Zyperngras u.a. (Toro/Thomas 2007: 66).

Traum-Räuchermischung I

3 Teile	Aztekisches Traumkraut (Blätter)
2 Teile	Copal (Harz)
2 Teile	Glänzende Studentenblume (Blätter oder Kraut)
1 Teil	Maidal (Nussfrucht)
1 Teil	Stechapfel (Samen oder Blätter)
1 Teil	Anantmul (Wurzel)

Traum-Räuchermischung II

2 Teile	Lorbeer (Blätter)
2 Teile	Weihrauch (Harz)
2 Teile	Styrax (Harz)
1 Teil	Benzoe (Harz)
1 Teil	Bilsenkraut (Samen)
1 Teil	Damiana (Kraut)
½ Teil	Kalmus (Wurzel)

Traum-Räuchermischung III

2 Teile	Beifuß (Blüte oder Kraut)
2 Teile	Mariengras (Blätter)
2 Teile	Lavendel (Blüte, Blätter oder Kraut)
1 Teil	Baldrian (Blüte oder Wurzel)
1 Teil	Salbei (Blätter)
1 Teil	Eisenkraut (Kraut)
1 Teil	Rosmarin (Blätter)
1 Teil	Schafgarbe (Blüte oder Kraut)

Traumkissen

In Europa ist das sogenannte Traumkissen (engl. *dream pillow*) bereits seit vielen Jahrhunderten als Hilfsmittel zur allgemeinen Beruhigung und Schlafförderung, zur Vertreibung von Albträumen, zur Anregung der Traumproduktion und zur Stärkung eines klaren Traumbewusstseins bekannt. Befüllt wird es mit einer beliebigen Auswahl an aromatischen Kräutern, deren flüchtige Inhaltsstoffe ein beruhigendes und/oder oneirogenes Wirkverhalten haben. Es können natürlich aber auch solche Pflanzen genutzt werden, die ausschließlich auf der magischen Ebene aktiv wirken oder zu denen man eine ganz besondere Beziehung pflegt. Außerdem ist es möglich, das Traumkissen zusätzlich mit Wünschen, Gebeten und heilsamen Worten zu »befüllen«. Der Herstellungsprozess sollte nach Möglichkeit in ein rituelles Setting eingebettet sein, mit einer andächtigen Geisteshaltung durchgeführt und folglich nicht als etwas Profanes betrachtet werden.

Traditionelle Traumkissen-Pflanzen:

Artemisia vulgaris Beifuß ❦ *Calendula officinalis* Ringelblume
Cymbopogon spp. Zitronengras ❦ *Galium odoratum* Waldmeister
Hierochloe odorata Mariengras ❦ *Humulus lupulus* Hopfen
Illicium verum Sternanis ❦ *Jasminum officinale* Jasmin
Laurus nobilis Lorbeer ❦ *Lavandula angustifolia* Lavendel
Matricaria chamomilla Kamille ❦ *Melissa officinalis* Zitronenmelisse
Mentha spp. Minze ❦ *Nepeta cataria* Katzenminze
Origanum majorana Majoran ❦ *Passiflora incarnata* Passionsblume
Rosa spp. Rose ❦ *Rosmarinus officinalis* Rosmarin ❦
Salvia officinalis Salbei ❦ *Thymus vulgaris* Thymian ❦
Verbascum spp. Königskerze ❦ *Verbena officinalis* Eisenkraut

Traumtinkturen

All jene Traumpflanzen, die man traditionell als Tee oder Dekokt zubereitet, können auch als Tinktur angewendet werden. Dabei handelt es sich um einen alkoholischen Wirkstoffauszug, der den Vorteil hat, dass aufgrund seiner Potenz bereits einige Tropfen oder wenige Milliliter zur gewünschten Wirkung führen. Vor allem für die sehr bitter schmeckenden Traumpflanzen oder für solche, von denen recht hohe Dosierungen benötigt werden, ist diese Applikationsform besonders zu empfehlen.

Traumtinkturen sind zwar vereinzelt über spezialisierte Online-Händler zu beziehen; man kann sie aber auch ganz einfach selbst herstellen. Dazu wird das präferierte Traumkraut einfach bis zu einem Drittel oder zur Hälfte in ein verschließbares Gefäß gefüllt und vollständig mit hochprozentigem Alkohol (z.B. Weingeist, Korn oder Wodka, mindestens 38 % Vol.) übergossen.

Anschließend verschließt man den Behälter verschlossen und stellt ihn über einen Zeitraum von zwei bis vier Wochen an einen dunklen Ort; alle zwei bis drei Tage sollte die Mixtur kurz und kräftig geschüttelt werden. Nach Ablauf der Ziehzeit wird die Flüssigkeit durch ein feines Sieb oder einen Filter abgeseiht und in blaue oder braune Apothekerfläschchen gefüllt.

Traumkraut-Extrakt (*Calea*)

Für die Herstellung eines Traumkraut-Extraktes benötigt man 25 Gramm *Calea-ternifolia*-Blätter, die in einen Topf gefüllt, mit einem Liter Wasser übergossen und anschließend für etwa eine halbe Stunde ausgekocht werden. Danach entfernt man die Blätter, was am einfachsten durch Abschöpfen oder Abseihen gelingt. Die Flüssigkeit wird nun so lange weitergekocht, bis sie sich auf wenige Milliliter reduziert hat und eine dickflüssige Masse übrigbleibt. Zum Trocknen gibt man den Wirkstoffauszug auf einen Teller und stellt diesen auf einen Heizkörper. Der Extrakt kann als Tee eingenommen, geraucht oder in Kapseln gefüllt geschluckt werden.

Traumamulette

Ebenfalls eine sehr schöne Möglichkeit, um sich in der Nacht mit seinen liebsten Heil- oder Traumpflanzen zu verbinden, ist die Herstellung und Anwendung eines Traumamuletts. Es wird um den Hals oder über das Bett gehängt und kann auf diese Weise den Träumenden auf seinen nächtlichen Reisen beschützen.

Daneben kann es eine wertvolle Hilfe sein, um im Klartraum den im Amulett »verarbeiteten« Pflanzengeist zu kontaktieren. Dazu sieht man sich das Amulett im Traum genau an und bittet den Pflanzengeist darum, sich zu zeigen, bittet um Führung, Schutz, Heilimpulse oder um andere Hilfe.

Das Traumamulett wird ausschließlich aus organischen Materialien hergestellt. Man nimmt zum Beispiel ein Stück Baumwoll- oder Hanfgarn und umwickelt damit ein Wurzelstück, einen zu einem Kreis geformten Stängel oder einige Blätter der präferierten Pflanze und hängt sich diese vor dem Zubettgehen (oder auch am Tage) um.

Betrachte eine Pflanze

Betrachte eine Pflanze ganz still,
was will sie dich lehren?
Das Schauen mit allen Sinnen.
Du siehst ihre Schönheit,
du riechst sie,
du schmeckst sie,
du fühlst sie,
du liebst sie.
Sie lehrt uns wahrhaftiges Schauen,
tief verbunden in vollem Vertrauen.

Tine Müller

Anhang

ÜBERSICHT Oneirogene ätherische Öle und Aromatherapeutika

Artemisia vulgaris Beifuß
Boswellia spp. Weihrauch
Bursera graveolens Palo Santo
Cedrus spp. Zeder
Citrus aurantium Neroli
Citrus bergamia Bergamotte
Citrus reticulata Mandarine
Helichrysum italicum Immortelle
Illicium verum Sternanis
Jasminum officinale Jasmin
Juniperus communis Wacholder
Lavandula angustifolia Lavendel
Matricaria chamomilla Kamille
Melissa officinalis Zitronenmelisse
Myristica fragrans Muskatnuss
Pimpinella anisum Anis
Pogostemon cablin Patschuli
Rosa damascena Rose
Rosmarinus officinalis Rosmarin
Salvia apiana Weißer Salbei
Salvia sclarea Muskatellersalbei
Santalum album Sandelholz
Syzygium aromaticum Gewürznelke
Tanacetum annuum Blauer Rainfarn

Anwendung Vor dem Schlafengehen wird ein Tropfen der aromatischen Pflanzenessenzen aufs Kopfkissen gegeben. Alternativ kann man sie in einem Stövchen verdampfen oder zusammen mit Wasser sowie gegebenenfalls einem Emulgator in ein Fläschchen mit Zerstäuberaufsatz füllen und vor dem Schlafen in Bettnähe versprühen.

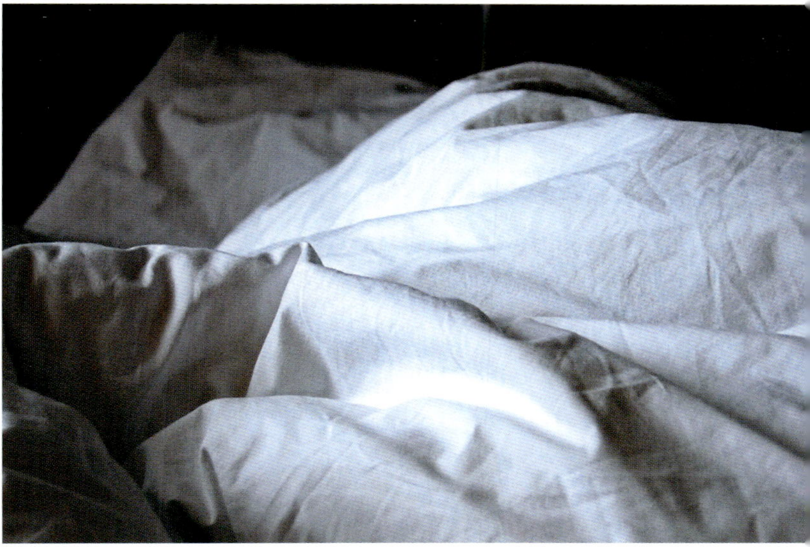

ÜBERSICHT Oneirogene Pilze

Amanita muscaria (Fliegenpilz)

Fliegenpilz

Für sibirische und samische Schamanen ist der charakteristisch aussehende Fliegenpilz ein wichtiges Hilfsmittel, um in tiefe visionäre Trancezustände einzutauchen. Gleichzeitig wird der weithin bekannte »Glückspilz« schon lange als Mittel zur Traumintensivierung genutzt. Die sicherste Möglichkeit einer oneirogenen Verwendung besteht darin, die getrocknete Huthaut als Ingredienz für traumfördernde Räuchermixturen einzusetzen. Hauptinhaltsstoff ist das Alkaloid Muscimol, das durch die Decarboxylierung von Ibotensäure entsteht und seine Psychoaktivität über eine Anbindung an die GABA-Rezeptoren entfaltet.

Lycoperdon spp. (Stäublinge)

Stäubling

Manche Arten der Gattung *Lycoperdon* wirken narkotisierend und möglicherweise oneirogen, zum Beispiel *Lycoperdon marginatum, Lycoperdon mixtecorum, Lycoperdon perlatum* und *Lycoperdon pyriforme* (Toro/Thomas 2007: 80f.). Beim Stamm der nordamerikanischen Blackfoot werden einige Stäublinge als Ritualpilze verwendet, zum Beispiel als Räucherwerk zur Vertreibung schädlicher Geister oder zu einer Kette gebunden als Tipi-Dekoration. Zugehörige der Yuki verwenden die Pilze als Wundheilmittel sowie als schamanische Rassel (Burk 1983: 56f.).

Spitzkegeliger Kahlkopf

Psilocybe spp. (Kahlköpfe)

Die sogenannten »Magic Mushrooms« aus der Gattung Psilocybe sowie alle anderen Psilocybin-haltigen Pilze können als Bewusstseinsverstärker bzw. als eine Art psychoaktiver Katalysator wirken. Abhängig von der eingenommenen Dosis können sie die menschlichen Konditionierungs-, Wahrnehmungs- und Verstandesfilter temporär deaktivieren und auf diese Weise eine nachhaltige und mitunter lebensverändernde Bewusstseinserweiterung hervorrufen, einhergehend mit visuellen Effekten, Visionen, mystischen Einheitserfahrungen, Einsichten über unterbewusste oder kosmische Zusammenhänge u.v.m. Zentraler Inhaltsstoff ist das Alkaloid Psilocybin (4-PO-DMT), das sich zeitnah nach der Einnahme in das eigentlich psychoaktive Hydrolyseprodukt Psilocin (4-HO-DMT) umwandelt.

Viele Anwender beschreiben, dass sie infolge einer psychedelischen Pilzerfahrung über mehrere Tage hinweg sehr lebhafte und bisweilen auch klare Träume hatten. Darüber hinaus lassen sich intensive Träume durch eine vor dem Zubettgehen eingenommene Mikrodosierung (0,1 bis 0,2 g getrocknetes Pilzmaterial) begünstigen (Brown 2016: 171), was in gleicher Weise auch auf andere Psychedelika zutrifft.

Achtung: Der Besitz von Psilocybin-Pilzen ist in vielen Ländern verboten! In Mittelamerika, wo die Pilze schon lange als schamanische Ritualmittel genutzt werden, ist ihre zeremonielle Anwendung jedoch häufig legal beziehungsweise geduldet.

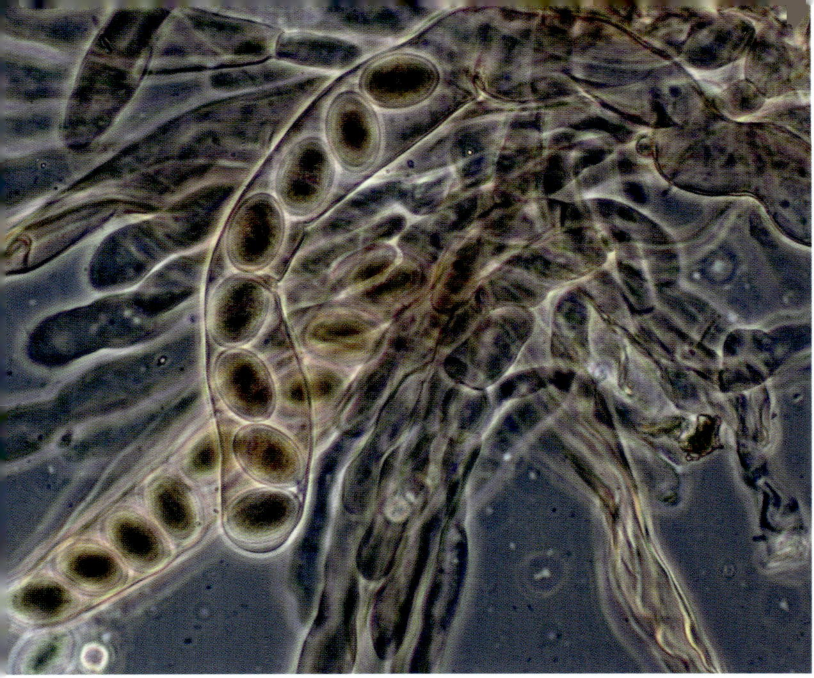

ÜBERSICHT Oneirogene Mikronährstoffe, Nahrungsergänzungsmittel und Psychoaktiva

Asparaginsäure
Beta-Phenyl-Gamma-Aminobuttersäure (Phenibut)
Cholin
Dimethylaminoethanol (Norcholin)
Dimethyltryptamin (DMT)
Donepezil
Galantamin
Gamma-Butyrolacton (GBL)
Huperzin A
Ibogain
Ketamin
L-alpha-Glycerylphosphorylcholin (alpha-GPC)
L-Dopa (Levodopa)
L-Theanin
L-Tryptophan (5-HTP)
Lysergsäurediethylamid (LSD)
3,4-Methylendioxy-N-methylamphetamin (MDMA)
Melatonin
Nikotin
Vitamin B6

→ **Bitte unbedingt den jeweiligen Rechtsstatus beachten!** Einige der aufgeführten Substanzen unterliegen in vielen Ländern den Drogenverboten, andere sind hingegen unproblematisch im Drogeriemarkt oder in der Apotheke erhältlich.

Übersicht Nonpharmakologische Oneirogene (Auswahl)

Autosuggestion
Dream Initiated Lucid Dream (DILD)
Dream Exit Induced Lucid Dream (DEILD)
Externally Induced Lucid Dream (EILD)
Finger Initiated Lucid Dream (FILD)
Hargart's Induced Lucid Dream (HILD)
Lucidity Induced Lucid Dream (LILD)
Meditation
Mnemonic Induced Lucid Dream (MILD)
Power Napping
Prayer Induced Lucid Dream (PILD)
Reality Checks (RC)
Rhythm Napping
Senses Initiated Lucid Dream (SSILD)
Stress Induced Lucid Dream (SILD)
Visualisierung
Wake Back To Bed (WBTB)
Wake-Initiated Lucid Dream (WILD)

Übersicht Elektronische Oneirogene

Audiovisuelle Stimulationsgeräte (engl. *mindmachines*)
Binaurale Schwingungen (engl. *binaural beats*)
Elektroenzephalogramm-Systeme
REM-Brillen und -Schlafmasken

Traumpflanzen-Bezugsquellen

Pflanzenmaterial und Fertigpräparate

azarius.nl
dragonspice.de
dreamcatcherbotanicals.com
iamshaman.com
mastersacraments.com
querbeet.eu
secret-nature.ch
zamnesia.com

Saatgut und Jungpflanzen

asklepios-seeds.de
ethnoplants.com
kraeuter-und-duftpflanzen.de
magicgardenseeds.de

Literatur

Barrau, Jacques (1958): Nouvelles observations au sujet des plantes hallucinogènes d'usage autochtone en Nouvelle-Guinée. In: Journal d'agriculture traditionnelle et de botanique appliquée, 377–378

Brown, David Jay (2016): Dreaming Wide Awake: Lucid Dreaming, Shamanic Healing, and Psychedelics. Rochester: Park Street Press.

Burk, William R. (1983): Puffball Usages Amon North American Indians. In: Journal of Ethnobiology 3(1), 55-62.

Castaneda, Carlos (1998): Die Kunst des Träumens. Frankfurt: Fischer.

Corriere, Richard und Hart, Joseph (1987): Lebendiges Träumen. Die Entdeckung des Durchbruchtraums. Heidelberg: Asanger.

Faraday, Ann (1972): Dream Power. New York: Afar Publishers. Deutscher Titel: Die positive Kraft der Träume. München: Droemer Knaur. Lizenzausgabe 1972.

Ferenczi, Sándor (1912): Über lenkbare Träume. In: Ferenczi (Hrsg.): Bausteine zur Psychoanalyse, Band II. Bern und Stuttgart: Huber Verlag 1964.

Fox, Oliver (1962): Astral Projection: A Record of Out-of-the-Body Experiences. New York: University Books.

Gillespie, George (1982): Lucidity Language. A Personnel Observation. In: Lucidity Letter, Volume 1(4).

Gobin, Anitha (2015): A homoeopathic drug proving of Acacia xanthophloea 30CH with subsequent comparison to its use in African medical tradition. Durban: University of Technology. Online: ir.dut.ac.za/bitstream/handle/10321/1769/GOBIND_2016.pdf

Hatipoglu S.D./ Yalcinkaya B./ Akgoz M./ Ozturk, T./ Goren A.C./, Topcu G. (2017): Screening of Hallucinogenic Compounds and Genomic: Characterisation of 40 Anatolian Salvia Species. In: Phytochemical Analysis, Volume 28(6), 541-549.

Hirst, Manton (2005): Dreams and Medicines: The Perspective of Xhosa Diviners and Novices in the Eastern Cape, South Africa. In: Indo-Pacific Journal of Phenomenology, Volume 5(2), 1-22.

Hocking, M.G. (1993): Exploring the Sub-conscious using New Technology. London: 4-D-Books Ltd.

Houghton, Peter J./ Lian, Lu Ming (1986): Triterpenoids from Desfontainia spinosa. In: Phytochemistry, Volume 25(8), 1939–1944.

Johann, Kevin (2016): Der Schamanengarten. Über die Anzucht und Verwendung geistbewegender Ritualpflanzen. Solothurn: Nachtschatten Verlag.

Johnson, Timothy (1999): CRC Ethnobotany Desk Reference. Boca Raton, London, New York, Washington D.C.: CRC Press.

Kleijnen, Jos und Knipschild, Paul (1992): Ginkgo biloba. In: The Lancet, Volume 340(8828), 1136-1139.

LaBerge, Stephen (1987): Hellwach im Traum. Höchste Bewusstheit im tiefen Schlaf. Paderborn: Junfermann Verlag.

LaBerge, Stephen und Rheingold, Howard (1990): Exploring the World of Lucid Dreaming. New York: Ballantine Books.

LaBerge, Stephen / LaMarca, Kristen / Baird, Benjamin (2018): Pre-sleep treatment with galantamine stimulates lucid dreaming: A double-blind, placebo-controlled, crossover study. In: Plos One, Volume 13(8).

Latz, Peter (1995): Bushfires & Bushtucker. Aboriginal Plant Use in Central Australia. Alice Springs: Iad Press.

Lewis, W.H./ Kennelly, E.J./ Bass, G.N./ Wedner, H.J./ Elvin-Lewis, M.P./ Fast, D. (1991): Ritualistic use of the holy Ilex guayusa by Amazonian Jivaro Indians. In: Journal of Ethnopharmacology, Volume 33 (1-2), 25-30.

Li, Thomas S.C. (2000): Medicinal Plants: Culture, Utilization and Phytopharmacology. Boca Raton: CRC Press.

Metzner, Ralph (2012): Raum des Geistes – Strom der Zeit. Solothurn: Nachtschatten Verlag.

Moss, Robert (1996): Conscious Dreaming. A unique Nine-Step Approach to Understanding Dreams. New York: Crown Trade Paperbacks.

Ouspensky, P. D. (1931): On the Study of Dreams and Hypnotism. Whitefish, MT: Kissinger Publishing.

Rätsch, Christian (1998): Enzyklopädie der psychoaktiven Pflanzen: Botanik, Ethnopharmakologie und Anwendungen. 14. aktualisierte und ergänzte Auflage 2018, Aarau: AT Verlag.

Sanatkaran, Afsaneh/ Bahari, Fahimeh/ Ansari, Aria/ Atashi, Neda (2016): The Effect of Red Rose Essential Oil and Lavender Aromatherapy on the Frequency of Lucid Dreaming, Recalling Dreams and Sleep Quality in Female Students. In: Mediterranean Journal of Social Sciences, Volume 7(3), 83-88.

Schultes, R. E. (1972): Ilex guayusa from 500 AD to the present. In: Wassén, Henry S.: A medicine-man's implements and plants in a Tiahuanacoid tomb in highland Bolivia. Etnologiska Studier. 32. Göteborg: Etnografiska Museum, 115-138.

Schultes, Richard E/ Hofmann, Albert/ Rätsch, Christian (2001): Plants of the Gods. Their Sacred, Healing, and Hallucinogenic Powers. Rochester: Healing Arts Press, Inner Traditions, One Park Street.

Schultze-Motel, Jürgen (1979): Die urgeschichtlichen Reste des Schlafmohns (Papaver somniferum L.) und die Entstehung der Art. In: Kulturpflanze, Volume 27(2), 207-215.

Sivaram, P. (2003): Dreams and their Homoeopathic Medicines. New Delhi: B. Jain Publishers.

Sobiecki, J.F. (2008): A review of plants used in divination in southern Africa and their psychoactive effects. In: Southern Africa Humanities, Volume 20, 333–351.

Tart, Charles T. (1969): Altered states of consciousness. New Jersey: John Wiley & Sons Inc.

Tholey, Paul (1977): Der Klartraum. Seine Funktion in der experimentellen Traumforschung. In: Bericht über den 30. Kongreß der Deutschen Gesellschaft für Psychologie in Regensburg, 376–378.

Tholey, Paul (1982): Dialog mit der eigenen Psyche. Eine Anleitung zum Umgang mit feindseligen Traumgestalten. In: Psychologie Heute, Dez. 1982. Online-Quelle: http://gestalttheory.net/archive/tholeydialog.pdf

Tholey, Paul (1985): Haben Traumgestalten ein eigenes Bewußtsein? Eine experimentell-phänomenologische Klartraumstudie. In: Gestalt Theory Volume 7(1), 29–46. Online-Quelle: www.gestalttheory.net/archive/traumgestalten.pdf

Toro, Gianluca und Thomas, Benjamin (2007): Drugs of the Dreaming. Rochester: Park Street Press.

Van Eeden, Frederik (1913): A Study of Dreams. In: Proceeding of the Society for Psychical Research, Volume 26.

Von Bibra, Ernst (1855): Die narkotischen Genussmittel und der Mensch. Nürnberg: Verlag von Wilhelm Schmid.

von Reis, S. und Lipp, F. (1982): New Plant Sources for Drugs and Foods from the New York Botanical Garden Herbarium. Cambridge and London: Harvard University Press, 1982.

Van Wyk, Ben-Eric/ Van Oudtshoorn, Bosch/ Gericke, Nigel (2009): Medicinal Plants of South Africa. Pretoria: Briza Publications.

Wheatley, D. (2001): Kava and valerian in the treatment of stress-induced insomnia. In: Phytotherapy Research, Volume 15(6), 549–551.

Wintola, O.A. und Afolayan, A.J. (2014): Alepidea amatymbica Eckl. & Zeyh.: A Review of Its Traditional Uses, Phytochemistry, Pharmacology, and Toxicology. In: Evidence-Based Complementary and Alternative Medicine, Volume 2014.

Yuschak, Thomas (2006): Advanced Lucid Dreaming. The Power of Supplements. Raleigh: Lulu Enterprises.

Danksagung

Von ganzem Herzen danken wir Roger Liggenstorfer, Markus und Jutta Berger, Barbara Blankart, Lukas Emmenegger, Nina Seiler, Inga Streblow, Christian Rätsch, Claudia Müller-Ebeling, Wolf-Dieter Storl, Jürgen Johann, Ralph Metzner, David Jay Brown, Efigenia Barrientos, Nana Nauwald, Stefan Theurer, Daniel Schupp und vielen anderen mehr.

Die Autoren

Kevin Johann ist Erziehungswissenschaftler (M.A.), Ethnobotaniker, Pflanzenpädagoge, Buchautor (»Der Schamanengarten«) sowie Verfasser zahlreicher Zeitschriftenartikel zu Ethnobotanik/Naturheilkunde und Psychonautik.

Tine Müller ist Heilerziehungspflegerin, Yoga- und Meditationslehrerin, Bewusstseinsforscherin, Sängerin, Musikerin sowie Heilpflanzenpädagogin.

Bildnachweis

Cover: Gil Deckel / Pixabay

7 wallpapers. org • 11 Luca Zanon / Unsplash • 12 Luke Stackpoole / Unsplash • 17 Muillu / Unsplash • 18 Andrew Small / Unsplash • 20: africanplants.senkenberg.de; 22: HK Sheung Wan Tung Wah Hospital • 24 Markus Berger • 25 Dontworry • 27 Forest & Kim Starr • 27 Vinayaraj • 28 Scamperdale / Flickr • 29 Public Domain • 31 Pablo Bravo Monasterio; Bernard Dupont / Flickr; 33 Fagg M. • Australian National Botanic Gardens • 35 Flora of Mozambique; JMK • 37 Vinayaraj • 37 Pixabay • 39 Anna Premo • 40 PD • 41 Wiley Online Library; Anonymos Bikipaidistes • 43 Frank Schulenburg • 44 Kakidai • 45 Roger Liggenstorfer • 47 US National Library of Medicine, PD • 48 Scott Zona • 49 Vincent Brown • 51 Yuriyi75; Forest & Kim Starr • 52 David J. Stangc55 PD; • 56 Eudaimon • 57 Krzysztof Ziarnek, Kenraiz • 58 Daderot; 59 Burkhard Mücke • 62 Hiobson • 63 Michal Dunaj / Pexels • 70 Mikael Kristenson / Unsplash • 73 rktkn / Unsplash • 75 Fotolia • 76 Mark Basarab / Unsplash • 83 Max Saeling / Unsplash • 85 Krista Mangulsone / Unsplash • 86, 87: H. Krisp • 88 Alan Rockefeller / Mushroom Observer • 88 Peter G. Werner

19, 20 u., 21, 23, 26, 30, 32, 33 u., 34, 38, 42, 44 u., 48 u., 50, 53, 54, 58, 60, 61, 63 o., 64: Archiv Johann & Müller